The Essentials of
WAR

孙子十三篇——用兵之法

（By Sun Wu）

Transcription
Translation
by Prof. Zhong Qin

GW00545323

NEW WORLD PRESS   BEIJING CHINA

First Edition 1996

Editor: Cao Shan
Book Design: Ni Zhenru

ISBN 7-80005-331-8

Published by
NEW WORLD PRESS
24 Baiwanzhuang Road, Beijing 100037, China

Distributed by
CHINA INTERNATIONAL BOOK TRADING CORPORATION
35 Chegongzhuang Xilu, Beijing 100044, China
P. O. Box 399, Beijing, China

Printed in the People's Republic of China

Publisher's Note

The essays on war by Sun Wu, a well-known strategist living in ancient China, have been published in English and Chinese on many occasions. Sun Wu's ideas included in his essays are increasingly attracting the interest of readers at home and abroad who engage in academic research, language learning or business. However, some of the versions are not as convenient to readers as they should be. We often hear complaints from overseas Chinese about how they are disappointed when they find that they can learn only the form and meaning but not the pronunciation of Chinese characters. This novel book of Sun Wu's classic has come into being with the following features different from those in other versions:

 * Both the original Chinese text and the English translation are presented so that English and Chinese students can study the text in reference to each language.

 * Each Chinese character is marked with its mandarin pronunciation, with the help of the transcription beneath every Chinese character, so that a desire to read aloud the ancient Chinese military classic is satisfied.

* Unlike most of the existing versions, the present book brings out both the superficial and hidden meanings of the text so that Chinese students can learn English more effectively.

I believe this novel approach to introducing Chinese culture to other parts of the world will benefit language students, including Chinese people living abroad who wish to learn more about their motherland, foreign students who major in the Chinese language and even Chinese students who are interested in honing their translating skills.

译注者简介

钟梫(ZHONG QIN)教授祖籍浙江杭县,1931年生于上海。高中就读于上海的教会中学 — 沪江大学附中。五十年代初毕业于北京清华大学外国语言文学系。四十余年来,钟教授一直从事对外汉语教学工作,曾执教于清华、北大、北外、北京语言文化大学(原北京语言学院)、开罗高等语言学院、伊斯兰堡国立现代语言学院、意大利波隆尼大学、新加坡教育学院等学府,并被聘为伊斯兰堡国立语言学院外籍学术顾问。主要著作有:《汉语语音教程》(英、法、德、乌尔都文本)、《外国人学普通语》、《每日汉语》(Ⅰ、Ⅱ、Ⅲ)、《教学普通话》、《双通道中英、英中实用字典》、《汉字读音字典》等;主持编写出版《简明汉英词典》,并为《简明汉西词典》、《简明汉日词典》、《简明汉朝词典》、《简明汉阿(拉伯)词典》、《简明汉越词典》的汉语部分负责人。

钟梫教授的十多种著作,大都用英语撰写,小部分用俄语撰写,如《学说中国话》等,《教学普通话》和《汉字读音字典》是用汉语编写的,有一些在海外已被翻印再版。古汉语英译以及古今汉语语法比较等方面的问题,可参阅作者的《每日汉语—古汉语趣读》,即《每日汉语》第三部。本书全文注音方面的问题,可参阅作者的《汉字读音字典》,本书与《Z.Q.汉字读音字典》皆完成于1989年。

About the Compiler
and Translator

Prof. Zhong Qin (known also as Z. Q.), a native from Hangzhou, Zhejiang Province. Born in Shanghai in 1931. Prof. Zhong had his education in Shanghai Missionary College. In the 50s, he got diploma in Foreign Languages and Literature in Tsin Hua University. Zhong Qin has been working in language teaching for 40 years in Tsin Hua University, Peking (Beijing) University, Peking (Beijing) Foreign Languages University, Beijing Language and Culture University (Beijing Languages Institute); Language Institute of Cairo, Egypt; National Institute of Modern Languages, Islamabad; Bologna University, Italy; Singapore Institute of Education; he is also the Language Science Advisor of NIML, Pakistan. Prof. Zhong's books: *ON CHINESE PHONETICS* (Commercial Press, 1980) — later published also in French, German, Urdu; *CHINESE FOR YOU* (Hong Kong, 1980); *EVERYDAY CHINESE* — Sixty Fables and Anecdotes (New World Press, 1982); *EVERYDAY CHINESE* — Selected Prose Readings (1985); *EVERYDAY CHINESE* — Brighter Readings in Classical

Chinese (1987); *LEARN AND TEACH PUTONGHUA* (1982); *A PRACTICAL TWO-WAY CHINESE / ENGLISH* and *ENGLISH /CHINESE DICTIONARY* (Hong Kong, 1987); Z. Q. 15000 *CHINESE CHARACTERS PRONOUNCING DICTIONARY* (1990); *TRY TO SPEAK CHINESE* (1991, in Russian). Prof. Zhong Qin was the responsible compiler of *A CONCISE CHINESE ENGLISH DICTIONARY* (1983); in *CONCISE CHINESE SPANISH*, *CONCISE CHINESE JAPANESE*, *CONCISE CHINESE KOREAN*, *CONCISE CHINESE ARABIC* and *CONCISE CHINESE VIETNAMESE* dictionaries, Prof. Zhong was the responsible compiler of the Chinese section.

Prof. Zhong's books were written mainly in English, only a few in Russian and Chinese. Some of his works have been reprinted overseas.

On translations from classical Chinese and comparison of classical and modern Chinese GRAMMARS, see the author's book *EVERYDAY CHINESE* — Brighter Readings in Classical Chinese, esp. APPENDIX I: *AN OUTLINE OF CLASSICAL CHINESE GRAMMAR*, etc.

On transcriptions see Z. Q. *PRONOUNCING DICTIONARY*, which was completed also in the year 1989.

目 录

CONTENTS

孙 武

Sūn Wǔ

——《史记·孙子吴起列传》摘选

（代作者传略）

孙子 武 者，齐 人 也，以 兵 法
Sūnzǐ Wǔ zhě, Qí rén yě, yǐ bīng fǎ

见 于 吴 王 阖庐。阖庐 曰："子 之
xiàn yú Wú wáng Hélú. Hélú yuē: "Zǐ zhī

十 三 篇，吾 尽 观 之 矣，可 以 小
Shí sān piān, wú jìn guān zhī yǐ, kě yǐ xiǎo

试 勒 兵 乎？"
shì lè bīng hū?"

对 曰："可。"
Duì yuē: "Kě."

阖庐 曰：
Hélú yuē:

"可 试 以 妇 人 乎？"
"Kě shì yǐ fù rén hū?"

曰："可。"
Yuē: "Kě."

于是许之。出宫中美女，
Yú shì xǔ zhī. Chū gōng zhōng měi nǚ,

得百八十人。孙子分为二队，
dé bǎi bā shí rén. Sūnzǐ fēn wéi èr duì,

以王之宠姬二人各为队
yǐ wáng zhī chǒng jī èr rén gè wéi duì

长，皆令持戟。令之曰：
zhǎng, jiē lìng chí jǐ. Lìng zhī yuē:

"汝知而心与左右手、背
"Rǔ zhī ér xīn yǔ zuǒ yòu shǒu、bèi

乎?"
hū?"

妇人曰："知之。"
Fù rén yuē: "Zhī zhī."

孙子曰：
Sūnzǐ yuē:

"前，则视心；左，视左手
"Qián, zé shì xīn; zuǒ, shì zuǒ shǒu;

右，视右手；后，即视背。"
yòu, shì yòu shǒu; hòu, jí shì bèi."

妇人曰："诺。"
Fù rén yuē: "Nuò."

约 束 既 布 , 乃 设 铁 钺 , 即 三
Yuē shù jì bù, nǎi shè fǔ yuè, jí sān

令 五 申 之 。 于 是 鼓 之 右 , 妇 人
lìng wǔ shēn zhī. Yú shì gǔ zhī yòu, fù rén

大 笑 。 孙子 曰 :
dà xiào. Sūnzǐ yuē:

"约 束 不 明 , 申 令 不 熟 , 将
"Yuē shù bù míng, shēn lìng bù shú, jiàng

之 罪 也 。"
zhì zuì yě."

复 三 令 五 申 而 鼓 之 左 , 妇
Fù sān lìng wǔ shēn ér gǔ zhī zuǒ, fù

人 复 大 笑 。 孙子 曰 :
rén fù dà xiào. Sūnzǐ yuē:

"约 束 不 明 , 申 令 不 熟 , 将
"Yuē shù bù míng, shēn lìng bù shú, jiàng

之 罪 也 ; 既 已 明 而 不 如 法 者 ,
zhì zuì yě; jì yǐ míng ér bù rú fǎ zhě,

吏 士 之 罪 也 。" 乃 欲 斩 左 右 队
lì shì zhī zuì yě." Nǎi yù zhǎn zuǒ yòu duì

长 。
zhǎng.

3

吴 王 从 台 上 观 ，见 且 斩
Wú wáng cóng tái shàng guān, jiàn qiě zhǎn

爱 姬 ，大 骇 。趣 使 使 下 令 曰 ：
ài jī, dà hài. Cù shǐ shǐ xià lìng yuē:

"寡 人 已 知 将 军 能 用 兵
"Guǎ rén yǐ zhī jiāng jūn néng yòng bīng

矣 。寡 人 非 此 二 姬 ，食 不 甘 味 ，
yǐ. Guǎ rén fēi cǐ èr jī, shí bù gān wèi,

愿 勿 斩 也 ！"
yuàn wù zhǎn yě!"

孙子 曰 ：
Sūnzǐ yuē:

"臣 既 已 受 命 为 将 ，将 在
"Chén jì yǐ shòu mìng wéi jiàng, jiàng zài

军 ，君 命 有 所 不 受 。"
jūn, jūn mìng yǒu suǒ bú shòu."

遂 斩 队 长 二 人 以 徇 。用
Suì zhǎn duì zhǎng èr rén yǐ xún. Yòng

其 次 为 队 长 ，于 是 复 鼓 之 。妇
qí cì wéi duì zhǎng, yú shì fù gǔ zhī. Fù

人 左 右 、前 后 、跪 起 皆 中 规
rén zuǒ yòu、qián hòu、guì qǐ jiē zhòng guī

4

矩 绳 墨，无 敢 出 声。
jǔ shéng mò, wú gǎn chū shēng.

于 是 孙 子 使 使 报 王 曰：
Yú shì Sūnzǐ shǐ shǐ bào wáng yuē:

"兵 既 整 齐，王 可 试 下 观
"Bīng jì zhěng qí, wáng kě shì xià guān

之，唯 王 所 欲 用 之，虽 赴 水
zhī, wéi wáng suǒ yù yòng zhī, suī fù shuǐ

火 犹 可 也。"
huǒ yóu kě yě."

吴 王 曰：
Wú wáng yuē:

"将 军 罢 休 就 舍，寡 人 不
"Jiāng jūn bà xiū jiù shè, guǎ rén bú

愿 下 观。"
yuàn xià guān."

孙 子 曰：
Sūnzǐ yuē:

"王 徒 好 其 言，不 能 用 其
"Wáng tú hào qí yán, bù néng yòng qí

实。"
shí."

于 是 阖 庐 知 孙 子 能 用 兵，
Yú shì Hélú zhī Sūnzǐ néng yòng bīng,

卒 以 为 将。西 破 强 楚，入 郢，
zú yǐ wéi jiàng. Xī pò qiáng Chǔ, rù Yǐng,

北 威 齐 晋，显 名 诸 侯，孙 子 与
běi wēi Qí Jìn, xiǎn míng zhū hóu, Sūnzǐ yù

有 力 焉。
yǒu lì yān.

Sunzi, Sun Wu (Sun Changqing), a native of the State of Qi, was the most famous strategist of the Spring and Autumn Period (722 B.C. — 481 B.C.).

The following excerpt from *THE GRAND HISTORIAN'S RECORDS* (太史公记) by Sima Qian (司马迁) (145 B.C. — ?) serves as a brief biography of Sunzi (Sun Wu), the author of this book.

❅   ❅   ❅

Sun Wu

Master Sun, Sunzi, who had the given name Wu, was a native of the State of Qi. He was received in audience by King Helu of the State of Wu in virtue of his brilliant works on military strategy and tactics.

Helu said:

"I have read all the thirteen chapters of your work. Could you have a try at deploying the troops?"

"Yes, I can."

Helu said:

"Could you try with women?"

Master Sun said:

"Yes. "

Then the King gave the order, and one hundred and eighty beauties from the palace were sent to Master Sun. Master Sun divided them into two formations, each with a commander chosen from the King's favourite concubines. Having made them take up halberds, Master Sun asked:

"Do you know where your hearts, your left and right hands and your backs are?"

The women said:

"Yes, we do. "

Master Sun said:

"When you are ordered to advance, look at your hearts. Look at your left hands when you are ordered to turn left and at your right hands if ordered to turn to your right. At the order of RETREAT, look backward. "

The women said:

"Yes. "

Having made clear these restrictions, he had the executioner's axes made ready and repeated his orders again and again.

Then the drumbeats gave the order TURN RIGHT, but the women burst out laughing.

"The restrictions have not been made clear and

the soldiers are not yet fully acquainted with the orders. As the chief commander, I am to be blamed."

After repeating the rules and restrictions several times, he gave the drumbeat ordering everyone to TURN LEFT. Again the women burst out laughing.

Master Sun said:

"While the restrictions were not clear and the soldiers were not fully trained to obey the orders, the chief commander was to be blamed. Now the orders are clear to everybody but have still not been carried out, it is the officers and soldiers who are to be punished." He ordered the execution of the two formation commanders.

The King of Wu, watching from his stand, was so frightened by this order for execution that he immediately sent messengers with the following imperial edict:

"I, the Sovereign, have already seen that you, my respectful general, are well versed in military affairs. But since without these two concubines I can not even enjoy my meals, I beg you not to execute them."

Master Sun said:

"I have been appointed chief commander, and the chief commander in the field is sometimes not bound by orders from his sovereign." So he had the

9

two formation commanders executed before the public and made the next two commanders. After that, the women turned left or right, advanced or retreated, knelt down or stood up exactly in accordance with the orders delivered by the drumbeats, not daring to utter a sound.

Then Master Sun sent messengers to report to the King:

"The troops are ready for combat. Your Majesty may descend from your stand and inspect them. Your Majesty may use these forces as you please. They will even go through fire and water."

The King of Wu said:

"You may stop here and retire to your guest-house. I have no desire to come down to make an inspection."

Master Sun said:

"Your Majesty is only interested in my theory, but incapable of giving full play to my real ability."

Anyhow, King Helu was convinced that Master Sun was really expert in military affairs. The King finally made Sun Wu his commander in chief.

In later years, the kings of Wu defeated mighty Chu in the west, entering Ying, the capital of the State of Chu. In the north, they struck awe into the hearts of States of Qi and Jin, and the fame of the State of Wu spread through all the states. All this was partly due to the adoption by the kings of Wu of the military theories of Master Sun.

始 计 篇 第 一
Shǐ jì piān (Dì yī)

孙 子 曰：兵 者，国 之 大 事。死
Sūnzǐ yuē: Bīng zhě, guó zhī dà shì. Sǐ

生 之 地，存 亡 之 道，不 可 不
shēng zhī dì, cún wáng zhī dào, bù kě bù

察 也。
chá yě.

故 经 之 以 五 事，校 之 以 计，
Gù jīng zhī yǐ wǔ shì, jiào zhī yǐ jì,

而 索 其 情，一 曰 道，二 曰 天，三
ér suǒ qí qíng, yī yuē dào, èr yuē tiān, sān

曰 地，四 曰 将，五 曰 法。道 者，
yuē dì, sì yuē jiàng, wǔ yuē fǎ. Dào zhě,

令 民 与 上 同 意 也，故 可 以 与
lìng mín yǔ shàng tóng yì yě, gù kě yǐ yǔ

之 死，可 以 与 之 生，民 弗 诡
zhī sǐ, kě yǐ yǔ zhī shēng, mín fú guǐ

也。天者，阴阳，寒暑，时制也。
yě. Tiān zhě, yīn yáng, hán shǔ, shí zhì yě.

地者，高下，远近，险易，广
Dì zhě, gāo xià, yuǎn jìn, xiǎn yì, guǎng

狭，死生也。将者，智，信，仁，
xiá, sǐ shēng yě. Jiàng zhě, zhì, xìn, rén,

勇，严也。法者，曲制，官道，主
yǒng, yán yě. Fǎ zhě, qū zhì, guān dào, zhǔ

用也。凡此五者，将莫不闻。
yòng yě. Fán cǐ wǔ zhě, jiàng mò bù wén.

知之者胜，不知者不胜。故
Zhī zhī zhě shèng, bù zhī zhě bú shèng. Gù

校之以计，而索其情，曰：主孰
jiào zhī yǐ jì, ér suǒ qí qíng, yuē: Zhǔ shú

有道？将孰有能？天地孰得？
yǒu dào? Jiàng shú yǒu néng? Tiān dì shú dé?

法令孰行？兵众孰强？士卒
Fǎ lìng shú xíng? Bīng zhòng shú qiáng? Shì zú

孰练？赏罚孰明？吾以此知
shú liàn? Shǎng fá shú míng? Wú yǐ cǐ zhī

胜负矣。
shèng fù yǐ.

将 听 吾 计, 用 之 必 胜, 留
Jiàng tīng wú jì, yòng zhī bì shèng, liú

之; 将 不 听 吾 计, 用 之 必 败,
zhī; jiàng bù tīng wú jì, yòng zhī bì bài,

去 之。
qù zhī.

计 利 以 听, 乃 为 之 势, 以 佐
Jì lì yǐ tīng, nǎi wéi zhī shì, yǐ zuǒ

其 外。势 者, 因 利 而 制 权 也。
qí wài. Shì zhě, yīn lì ér zhì quán yě.

兵 者, 诡 道 也。故 能 而 示
Bīng zhě, guǐ dào yě. Gù néng ér shì

之 不 能, 用 而 示 之 不 用, 近
zhī bù néng, yòng ér shì zhī bú yòng, jìn

而 示 之 远, 远 而 示 之 近。利 而
ér shì zhī yuǎn, yuǎn ér shì zhī jìn. Lì ér

诱 之, 乱 而 取 之, 实 而 备 之,
yòu zhī, luàn ér qǔ zhī, shí ér bèi zhī,

强 而 避 之, 怒 而 挠 之, 卑 而 骄
qiáng ér bì zhī, nù ér náo zhī, bēi ér jiāo

之, 佚 而 劳 之, 亲 而 离 之。攻
zhī, yì ér láo zhī, qīn ér lí zhī. Gōng

其无备，出其不意。此兵家之
qí wú bèi, chū qí bú yì. Cǐ bīng jiā zhī

胜，不可先传也。
shèng, bù kě xiān chuán yě.

夫未战而庙算胜者，得
Fú wèi zhàn ér miào suàn shèng zhě, dé

算多也；未战而庙算不胜
suàn duō yě; wèi zhàn ér miào suàn bú shèng

者，得算少也。多算胜，少
zhě, dé suàn shǎo yě. Duō suàn shèng, shǎo

算不胜，而况于无算乎。吾
suàn bú shèng, ér kuàng yú wú suàn hū. Wú

以此观之，胜负见矣。
yǐ cǐ guān zhī, shèng fù jiàn yǐ.

Chapter 1

Laying Plans

Master Sun said:

Warfare is of vital importance to the State. It is a matter of life or death, survival or destruction. Hence, it is a subject for observation and study which can on no account be neglected.

There are five factors that need to be taken into consideration when one seeks to determine the outcome of war by comparing the different conditions of the rival sides: 1) the moral principles; 2) heaven; 3) earth; 4) the commanding personnel; 5) the administration.

The moral principles make the people in complete accord with their sovereign, so that they will follow him regardless of their lives, not daring to disobey his orders.

Heaven means night and day, cold and heat, times and seasons.

Earth comprises great and small distances, danger and security, open ground and narrow passes, the chances of life and death.

The **commanding personnel** include the wisdom, sincerity, benevolence, courage and strictness of those in command.

The **administration** signifies the marshalling of the army in its proper subdivisions, the gradations of rank among the officers, the maintenance and supply of war materials, and the control of military expenditure. There are no generals who do not know these things, but only those who really understand them and master them will be victorious, while those who do not, will fail.

Therefore, in seeking to determine the outcome of war by comparing the different conditions of the rival sides, one should ask:

1) Which of the two sovereigns is working in a good cause?

2) Which of the two commanders in chief has most ability?

3) With whom lie the advantages derived from Heaven and Earth?

4) On which side is discipline most rigorously enforced?

5) Which army is the stronger one?

6) On which side are officers and men more highly trained?

7) On which side is there the greater consistency in reward and punishment?

Through these seven considerations can I forecast victory or defeat.

Let the general who follows my strategy be retained in command, because he will triumph. Let the general who does not want to follow my strategy go, because he will be defeated.

Once a good strategy is accepted, further efforts should be made to coordinate with the war preparations, that is to say, take appropriate measures in the light of specific conditions.

Warfares are based on deception.

Hence, when able to attack, we must seem unable; when using our forces, we must seem inactive; when we are near, we must make the enemy believe we are far away; when far away, we must make believe we are near.

To the greedy ones, hold out your bait; if the enemy is in disorder, crush him; if he is secure at all points, be prepared for him; if he is superior in strength, evade him; if the opponent is of choleric temper, seek to irritate him, pretend to be weak, that he may grow arrogant; if he is taking his ease, give him no rest; if his forces are united, separate them.

Attack him where he is unprepared, appear where you are not expected. Here lies the soul and secret to victory, and it is impossible to apprehend beforehand.

He who wins the battle in temple calculations before the real battle is fought has more chips, and he who cannot win, has less chips. Those with more chips (i. e. more detailed calculatiions and better conditions) can win while those with less chips will not win, let alone those who have not even a single chip! Judging in accordance with the points mentioned, I can foresee who will win and who will lose.

作 战 篇 第 二
Zuò zhàn piān (Dì èr)

孙子 曰：凡 用 兵 之 法，驰 车
Sūnzǐ yuē: Fán yòng bīng zhī fǎ, chí chē

千 驷，革 车 千 乘，带 甲 十 万，
qiān sì, gé chē qiān shèng, dài jiǎ shí wàn,

千 里 而 馈 粮，则 外 内 之 费，宾
qiān lǐ ér kuì liáng, zé wài nèi zhī fèi, bīn

客 之 用，胶 漆 之 材，车 甲 之
kè zhī yòng, jiāo qī zhī cái, chē jiǎ zhī

奉，日 费 千 金，然 后 十 万 之 师
fèng, rì fèi qiān jīn, rán hòu shí wàn zhī shī

举 矣。其 用 战 也，久 则 钝 兵
jǔ yǐ. Qí yòng zhàn yě, jiǔ zé dùn bīng

挫 锐，攻 城 则 力 屈，久 暴 师
cuō ruì, gōng chéng zé lì qū, jiǔ pù shī

则 国 用 不 足。夫 钝 兵 挫 锐，屈
zé guó yòng bù zú. Fú dùn bīng cuō ruì, qū

力殚货，则诸侯乘其弊而起，
lì dān huò, zé zhū hóu chéng qí bì ér qǐ,

虽有智者，不能善其后矣。故
suī yǒu zhì zhě, bù néng shàn qí hòu yǐ. Gù

兵闻拙速，未睹巧之久也。
bīng wén zhuō sù, wèi dǔ qiǎo zhī jiǔ yě.

夫兵久而国利者，未之有也。
Fú bīng jiǔ ér guó lì zhě, wèi zhī yǒu yě.

故不尽知用兵之害者，则不
Gù bú jìn zhī yòng bīng zhī hài zhě, zé bù

能尽知用兵之利也。
néng jìn zhī yòng bīng zhī lì yě.

　　善用兵者，役不再籍，粮
　　Shàn yòng bīng zhě, yì bú zài jí, liáng

不三载；取用于国，因粮于
bù sān zài; qǔ yòng yú guó, yīn liáng yú

敌，故军食可足也。
dí, gù jūn shí kě zú yě.

　　国之贫于师者远输，远输
　　Guó zhī pín yú shī zhě yuǎn shū, yuǎn shū

则百姓贫。近市者贵卖，贵卖
zé bǎi xìng pín. Jìn shì zhě guì mài, guì mài

则 百 姓 财 竭，财 竭 则 急 于 丘
zé bǎi xìng cái jié, cái jié zé jí yú qiū

役。屈 力 中 原，内 虚 于 家。百
yì. Qū lì zhōng yuán, nèi xū yú jiā. Bǎi

姓 之 费，十 去 其 六；公 家 之
xìng zhī fèi, shí qù qí liù; gōng jiā zhī

费，破 车 罢 马，甲 胄 矢 弩，戟
fèi, pò chē pí mǎ, jiǎ zhòu shǐ nǔ, jǐ

楯 蔽 橹，丘 牛 大 车，十 去 其 七。
dùn bì lǔ, qiū niú dà chē, shí qù qí qī.

　　故 智 将 务 食 于 敌。食 敌 一
　　Gù zhì jiàng wù shí yú dí. Shí dí yī

钟，当 吾 二 十 钟；葸 秆 一 石，
zhōng, dàng wú èr shí zhōng; qí gǎn yī dàn,

当 吾 二 十 石。
dàng wú èr shí dàn.

　　故 杀 敌 者，怒 也；取 敌 之 利
　　Gù shā dí zhě, nù yě; qǔ dí zhī lì

者，货 也。故 车 战，得 车 十 乘
zhě, huò yě. Gù chē zhàn, dé chē shí shèng

已 上，赏 其 先 得 者，而 更 其
yǐ shàng, shǎng qí xiān dé zhě, ér gēng qí

旌 旗，车 杂 而 乘 之，卒 善 而
jīng qí, chē zá ér chéng zhī, zú shàn ér

养 之，是 谓 胜 敌 而 益 强。
yǎng zhī, shì wèi shèng dí ér yì qiáng.

　　故 兵 贵 胜，不 贵 久。故 知
Gù bīng guì shèng, bú guì jiǔ. Gù zhī

兵 之 将，民 之 司 命，国 安 危
bīng zhī jiàng, mín zhī sī mìng, guó ān wēi

之 主 也。
zhī zhǔ yě.

Chapter 2

Waging War

Master Sun said:

While waging a war thousands of chariots and transportation vehicles and hundreds of thousands of soldiers should be mobilized. Grain for the army should be transported over thousands of *li*. Thus, in deploying an army of one hundred thousand men, a daily expense of some 24,000 *liang* in cash is needed to afford for the use of the front and the rear, for the entertainment of envoys and guests, as well as for buying glue and lacquer, or for maintaining vehicles and armours.

In waging a protracted war the enthusiasm of the army may be diminished. A long siege exhausts the army men. A long exposure of the army abroad impoverishes the State. It's clear that if the enthusiasm of the army men were diminished, the military forces exhausted and the financial situation of the State endangered, the dukes and princes of different fiefs would make use of these opportunities in attacking the State. If this were to happen, even the wisest would not be able to escape from the Fates.

All commanders, no matter how stupid they might seem to be, strive for a quick victory. No one has ever seen a commander who wishes to wage a protracted battle in order to display his military skill and technique. There has never been a single case in history that a protracted fighting benefited any country. Therefore, those who are not well aware of the disadvantages of waging a (protracted) war, cannot understand the advantages of struggling for a quick victory.

A skillful leader will not allow a second conscription of men and a repeated transportation of army provision. Supplied with adequate arms, the army should be made to live by foraging on the enemy. In this way there will be enough food for the men.

Long distance transportation impoverishes the government. Long distance transportation also impoverishes the people.

The markets near the army quarters usually sell things in higher prices, and higher prices in turn deplete resources of the people. When a country finds that it is becoming poorer, the government would be eager to increase taxes and corvée. While the army is exhausting on the battlefields, the people at home are becoming weaker and weaker. People may lose as much as six-tenths of their possessions, and the State may use up as much as seven-tenths of its total revenue in order to make up for the expenses on chariots and horses, shields and arrows, transportation vehicles and so on.

Therefore, a wise general should make it possible for the army to live off the enemy. A vat of grain seized from the enemy is worth twenty vats one's own. To forage two thousand *jin* on the enemy's soil is worth forty thousand *jin* one's own.

Army men are incited to kill by provocation and enticed to make profit by loot.

So the first to capture ten chariots or more should be rewarded, and after changing the banners, the captured chariots should be put to use in composite formation, while the prisoners should be treated kindly. This is what usually known as increasing one's strength by appropriating the resources of the conquered.

Therefore, one should aim at a swift victory and avoid protracted wars.

Therefore, the experienced generals control the lives of the people. They are the pillars of the State.

谋 攻 篇 第三
Móu gōng piān（Dì sān）

孙子曰：凡用兵之法，全国
Sūnzǐ yuē: Fán yòng bīng zhī fǎ, quán guó

为上，破国次之；全军为
wéi shàng, pò guó cì zhī; quán jūn wéi

上，破军次之；全旅为上，破
shàng, pò jūn cì zhī; quán lǚ wéi shàng, pò

旅次之；全卒为上，破卒次
lǚ cì zhī; quán zú wéi shàng, pò zú cì

之；全伍为上，破伍次之。是
zhī; quán wǔ wéi shàng, pò wǔ cì zhī. Shì

故百战百胜，非善之善者
gù bǎi zhàn bǎi shèng, fēi shàn zhī shàn zhě

也。不战而屈人之兵，善之
yě. Bú zhàn ér qū rén zhī bīng, shàn zhī

善者也。
shàn zhě yě.

故上兵伐谋，其次伐交，
Gù shàng bīng fá móu, qí cì fá jiāo,

其次伐兵，其下攻城。攻
qí cì fá bīng, qí xià gōng chéng. Gōng

城之法为不得已。修橹辒
chéng zhī fǎ wéi bù dé yǐ. Xiū lǔ fén

辒，具器械，三月而后成；距
wēn, jù qì xiè, sān yuè ér hòu chéng; jù

闉又三月而后已。将不胜
yīn yòu sān yuè ér hòu yǐ. Jiàng bú shèng

其忿，而蚁附之，杀士三分之
qí fèn, ér yǐ fù zhī, shā shì sān fēn zhī

一，而城不拔者，此攻之灾
yī, ér chéng bù bá zhě, cǐ gōng zhī zāi

也。故善用兵者，屈人之兵
yě. Gù shàn yòng bīng zhě, qū rén zhī bīng

而非战也，拔人之城而非
ér fēi zhàn yě, bá rén zhī chéng ér fēi

攻也，破人之国而非久也，必
gōng yě, pò rén zhī guó ré fēi jiǔ yě, bì

以全争于天下，故兵不顿，
yǐ quán zhēng yú tiān xià, gù bīng bú dùn,

而利可全，此谋攻之法也。
ér lì kě quán, cǐ móu gōng zhī fǎ yě.

28

故用兵之法，十则围之，五
Gù yòng bīng zhī fǎ, shí zé wéi zhī, wǔ

则攻之，倍则分之，敌则能
zé gōng zhī, bèi zé fēn zhī, dí zé néng

战之，少则能逃之，不若则
zhàn zhī, shǎo zé néng táo zhī, bú ruò zé

能避之。故小敌之坚，大敌之
néng bì zhī. Gù xiǎo dí zhī jiān, dà dí zhī

擒也。
qín yě.

夫将者，国之辅也。辅周，
Fú jiàng zhě, guó zhī fǔ yě. Fǔ zhōu,

则国必强；辅隙，则国必弱。
zé guó bì qiáng; fǔ xì, zé guó bì ruò.

故君之所以患军者三：不
Gù jūn zhī suǒ yǐ huàn jūn zhě sān: Bù

知军之不可以进而谓之进，
zhī jūn zhī bù kě yǐ jìn ér wèi zhī jìn,

不知军之不可以退而谓之
bù zhī jūn zhī bù kě yǐ tuì ér wèi zhī

退，是谓縻军。不知三军之事，
tuì, shì wèi mí jūn. Bù zhī sān jūn zhī shì,

而司三军之政者，则军士惑
ér sī sān jūn zhī zhèng zhě, zé jūn shì huò

矣。不知三军之权而司三军
yǐ. Bù zhī sān jūn zhī quán ér sī sān jūn

之任，则军士疑矣。三军既惑
zhī rèn, zé jūn shì yí yǐ. Sān jūn jì huò

且疑，则诸侯之难至矣。是谓
qiě yí, zé zhū hóu zhī nàn zhì yǐ. Shì wèi

乱军引胜。
luàn jūn yǐn shèng.

故知胜有五：
Gù zhī shèng yǒu wǔ:

知可以战与不可以战者
Zhī kě yǐ zhàn yǔ bù kě yǐ zhàn zhě

胜；
shèng;

知众寡之用者胜；
Zhī zhòng guǎ zhī yòng zhě shèng;

上下同欲者胜；
Shàng xià tóng yù zhě shèng;

以虞待不虞者胜；
Yǐ yú dài bù yú zhě shèng;

将 能 而 君 不 御 者 胜。
Jiàng néng ér jūn bú yù zhě shèng.

此 五 者，知 胜 之 道 也。
Cǐ wǔ zhě, zhī shèng zhī dào yě.

故 曰：知 彼 知 己 者，百 战 不
Gù yuē: zhī bǐ zhī jǐ zhě, bǎi zhàn bú

殆。不 知 彼 而 知 己，一 胜 一
dài. Bù zhī bǐ ér zhī jǐ, yī shèng yī

负。不 知 彼，不 知 己，每 战 必
fù. Bù zhī bǐ, bù zhī jǐ, měi zhàn bì

殆。
dài.

Chapter 3

Strategy to Victory

Master Sun said:

The basic principle in using one's military strength is: better to subdue than to destroy an enemy state, or an army, or a regiment, or a company, or a squad. The best of all is not to win every battle by force. The best of all is to make the enemy yield without fighting the war.

So the highest of all military principles is to overcome the enemy by strategy. The next is to defeat their diplomatic efforts. The third is to conquer the enemy in battle. To lay siege to walled cities and attack them is the last way one may ever choose, a way which one takes only when he has no other alternatives. It takes three months to make the scaling ladders and chariots, and another three months to prepare the earthworks for storming the strongholds. Impatience might lead the generals to impetuosity, and this mood might give way to reckless command, resulting in driving their army men like ants to futile attacks. While the city is still not taken and one-third of the attackers are killed, the catastrophe is therefore imminent.

Skillful military leaders conquer the enemy without fighting battles, capture cities without attacking them and overcome the States without protracted warfare. They strive for supremacy without stationing their troops long abroad, yet they win complete victory over their enemies. This is the strategy to victory.

So the principles in military affairs are as follows:

If you outnumber the enemy by ten to one, surround them; by five to one, attack them; by two to one, divide them. If you are equally matched, be good and skillful in battle. If the enemy forces outnumber yours, retreat; if your forces are weaker in strength, avoid decisive engagement. As the saying goes: confronting the tough with toughness, a smaller force is bound to be the captive of the stronger one.

Generals are the guardians of the State. Their proficiency in warfare makes the State strong, their deficiency makes the State weak.

A sovereign may bring disaster on his army in the following three cases: 1) He orders an advance while it is not appropriate for advancing; he orders retreat while it is not appropriate for retreating. In so doing, the sovereign is having his army's hands tied. 2) He causes disorder in the army by making decisions on military matters without knowing what the military matters really look like. 3) He raises suspicion among officers and men by taking battlefield command without a thorough knowledge of the situation. An army in suspicion and disorder surely invites the revolt of the dukes and princes of different fiefs. This is what people call "a confused army invites the enemy's victory."

Therefore, we see five ways to victory:

1) to foresee whether one can or cannot fight;

2) to know the different principles in using a small force or a large force;

3) to have the whole-hearted support of the men;

4) to counter an un-prepared enemy with a well-prepared army;

5) to have competent generals without interference from the sovereign.

These are the five ways in foretelling a sure victory.

Therefore, it may be said that the leader who has a thorough knowledge of his enemy as well as his own conditions is sure to win. One who does not know the

34

enemy's conditions but still knows his own conditions has an even chance of victory. The man who knows neither his enemy nor himself is bound to lose every battle.

军 形 篇 第 四
Jūn xíng piān (Dì sì)

孙子曰：昔之善战者，先为
Sūnzǐ yuē：Xī zhī shàn zhàn zhě, xiān wéi

不可胜，以待敌之可胜。不
bù kě shèng, yǐ dài dí zhī kě shèng. Bù

可胜在己，可胜在敌。故善
kě shèng zài jǐ, kě shèng zài dí. Gù shàn

战者，能为不可胜，不能使
zhàn zhě, néng wéi bù kě shèng, bù néng shǐ

敌可胜。故曰，胜可知，而不
dí kě shèng. Gù yuē, shèng kě zhī, ér bù

可为。不可胜，守也。可胜，
kě wéi. Bù kě shèng, shǒu yě. Kě shèng,

攻也。守则有余，攻则不足。
gōng yě. Shǒu zě yǒu yú, gōng zé bù zú.

善守者，藏于九地之下，动
Shàn shóu zhě, cáng yú jiǔ dì zhī xià, dòng

于 九 天 之 上。 故 能 自 保 而
yú jiǔ tiān zhī shàng. Gù néng zì bǎo ér

全 胜 也。
quán shèng yě.

见 胜 不 过 众 人 之 所 知,
Jiàn shèng bú guò zhòng rén zhī suǒ zhī,

非 善 之 善 者 也。 战 胜 而 天
fēi shàn zhī shàn zhě yě. Zhàn shèng ér tiān

下 曰 善, 非 善 之 善 者 也。 故
xià yuē shàn, fēi shàn zhī shàn zhě yě. Gù

举 秋 毫 不 为 多 力, 见 日 月 不
jǔ qiū háo bù wéi duō lì, jiàn rì yuè bù

为 明 目, 闻 雷 霆 不 为 聪 耳。
wéi míng mù, wén léi tíng bù wéi cōng ěr.

古 之 所 谓 善 战 者, 胜 于 易
Gǔ zhī suǒ wèi shàn zhàn zhě, shèng yú yì

胜 者 也。 故 善 者 之 战, 无 奇
shèng zhě yé. Gù shàn zhě zhī zhàn, wú qí

胜, 无 智 名, 无 勇 功。 故 其
shèng, wú zhì míng, wú yǒng gōng. Gù qí

战 胜 不 忒。 不 忒 者, 其 所 措
zhàn shèng bú tè. Bú tè zhě, qí suǒ cuò

必 胜， 胜 已 败 者 也。故 善 战
bì shèng, shèng yǐ bài zhě yě. Gù shàn zhàn

者，立 于 不 败 之 地，而 不 失 敌
zhě, lì yú bú bài zhī dī, ér bù shī dí

之 败 也。是 故 胜 兵 先 胜 而
zhī bài yě. Shì gù shèng bīng xiān shèng ér

后 求 战，败 兵 先 战 而 后 求
hòu qiú zhàn, bài bīng xiān zhàn ér hòu qiú

胜。善 用 兵 者，修 道 而 保
shèng. Shàn yòng bīng zhě, xiū dào ér bǎo

法，故 能 为 胜 败 正。
fǎ, gù néng wéi shèng bài zhèng.

法，一 曰 度，二 曰 量，三 曰
Fǎ, yī yuē dù, èr yuē liàng, sān yuē

数，四 曰 称，五 曰 胜。地 生
shù, sì yuē chēng, wǔ yuē shèng. Dì shēng

度，度 生 量，量 生 数，数 生
dù, dù shēng liàng, liàng shēng shù, shù shēng

称，称 生 胜。
chēng, chēng shēng shèng.

故 胜 兵 若 以 镒 称 铢，败
Gù shèng bīng ruò yǐ yì chēng zhū, bài

38

兵若以铢称镒。
bīng ruò yǐ zhū chēng yì,

胜者之战,若决积于千
Shèng zhě zhī zhàn, ruò jué jī yú qiān

仞之溪者,形也。
rèn zhī xī zhě, xíng yě.

Chapter 4

Strength

Master Sun said:

The wise in ancient warfare used to ensure first their own invulnerability, then seek opportunity to defeat the enemy. The conditions of not being defeated lie in oneself, whereas the opportunities of defeating the enemy are related to the enemy. Thus, a wise commander can only secure themselves against defeat. They cannot be sure of an opportunity for victory. Therefore, one can foresee a victory, but no one can be absolutely sure of the outcome of a warfare. Defensive tactics ensure one's own invulnerability, while offensive tactics strive for victory. A given force might seem more than enough for a defensive operation, but could be insufficient for an offensive one. A commander experienced in defensive tactics is not only able to position his forces in a safe and inaccessible place, he is also good at directing his troops as if they had come down from the sky. Thus, he can keep his forces intact while guarantees a complete victory in a surprise attack.

Foreseeing a victory, as many others can do, is not a masterpiece of the best strategist. Winning a victory through hard fighting amid worldwide applause is also not a masterpiece of the best strategist. No one would ever call a person capable of lifting a piece of autumn feather a giant, or call a person who can see the sun and the moon a man of excellent vision, nor would anyone call a person who is able to hear thunder-roaring a man with sensitive hearing. The so-called wise commanders of the ancient times always won easy victories over the enemies they chose. Therefore, in the battles they fought, there were no unexpected victories, no reputation of high wits, not even extraordinary merits of courage and bravery. Their victories were guaranteed. The measures they took were all based on a sure victory — they fought enemies who had already lost their battles before they started. Thus, the wise commanders do their best to ensure that they are always in an invulnerable position and never neglect any opportunity to defeat the enemy. A victorious army comes into battle with a sure confidence in victory while a declining army rushes into battle, seeking victory by sheer luck. The wise commanders always preserve a strong moral cause and maintain adequate legal system and discipline, since these factors reflect the highest principles regarding victory or defeat.

The principles are as follows: 1) measurement; 2) estimation; 3) evaluation; 4) assessment; 5) planning for victory. Measurement comes out of geo-graphical information; estimation comes out of the measurement; evaluation of the strength of the war-ring forces comes out of the estimation; assessment of the possibilities of victory and defeat comes out of the evaluation, and, the planning for victory is eventually made on this assessment.

A victorious army easily outmatches a declining army, just like one *yi* (24 ounces) outweighs one *zhu* (1/24 of an ounce). A declining army facing a victo-rious army is just like one *zhu* being placed before one *yi*.

A victorious army charges the enemy positions like flood waters pouring into a chasm thousands of fathoms deep. This is what we call "*xing*" — the strength of the army.

兵 势 篇 第五
Bīng shì piān (Dì wǔ)

孙子曰：凡 治 众 如 治 寡，分
Sūnzǐ yuē: Fán zhì zhòng rú zhì guǎ, fēn

数 是 也。斗 众 如 斗 寡，形 名
shù shì yě. Dòu zhòng rú dò guǎ, xíng míng

是 也。三 军 之 众，可 使 毕 受
shì yě. Sān jūn zhī zhòng, kě shǐ bì shòu

敌 而 无 败 者，奇 正 是 也。兵
dí ér wú bài zhě, qí zhèng shì yě. Bīng

之 所 加，如 以 碫 投 卵 者，虚 实
zhī suǒ jiā, rú yǐ duàn tóu luǎn zhě, xū shí

是 也。
shì yě.

凡 战 者，以 正 合，以 奇
Fán zhàn zhě, yǐ zhèng hé, yǐ qí

胜。故 善 出 奇 者，无 穷 如 天
shèng. Gù shàn chū qí zhě, wú qióng rú tiān

地，不竭如江河。终而复始，
dì, bù jié rú jiāng hé. Zhōng ér fù shǐ,

日月是也。死而复生，四时是
rì yuè shì yě. Sǐ ér fù shēng, sì shí shì

也。声不过五，五声之变，不
yě. Shēng bú guò wǔ, wǔ shēng zhī biàn, bù

可胜听也。色不过五，五色
kě shēng tīng yě. Sè bú guò wǔ, wǔ sè

之变，不可胜观也。味不过
zhī biàn, bù kě shēng guān yě. Wèi bú guò

五，五味之变，不可胜尝也。
wǔ, wǔ wèi zhī biàn, bù kě shēng cháng yě.

战势不过奇正，奇正之变，
Zhàn shì bú guò qí zhèng, qí zhèng zhī biàn,

不可胜穷也。奇正还相
bù kě shēng qióng yě. Qí zhèng hái xiāng

生，如环之无端，孰能穷
shēng, rú huán zhī wú duān, shú néng qióng

之？
zhī?

激水之疾，至于漂石者，势
Jī shuǐ zhī jí, zhì yú piāo shí zhě, shì

也。鸷鸟之疾，至于毁折者，节
yě. Zhī niǎo zhī jí, zhì yú huǐ zhé zhě, jié

也。是 故 善 战 者，其 势 险，其
yě. Shì gù shàn zhàn zhě, qí shì xiǎn, qí

节 短：势 如 弩 弩，节 如 发 机。
jié duǎn: shì rú guō nǔ, jié rú fā jī.

纷 纷 纭 纭，斗 乱 而 不 可 乱
Fēn fēn yún yún, dòu luàn ér bù kě luàn

也。浑 浑 沌 沌，形 圆 而 不 可 败
yě. Hún hún tún tún, xíng yuán ér bù kě bài

也。乱 生 于 治，怯 生 于 勇，
yě. Luàn shēng yú zhì, qiè shēng yú yǒng,

弱 生 于 强。治 乱，数 也；勇
ruò shēng yú qiáng. Zhì luàn, shù yě; yǒng

怯，势 也；强 弱，形 也。故 善
qiè, shì yě; qiáng ruò, xíng yě. Gù shàn

动 敌 者，形 之，敌 必 从 之；予
dòng dí zhě, xíng zhī, dí bì cóng zhī; yǔ

之，敌 必 取 之。以 利 动 之，以
zhī, dí bì qǔ zhī. Yǐ lì dòng zhī, yǐ

本 待 之。
běn dài zhī.

故善战者，求之于势，不责
Gù shàn zhàn zhě, qiú zhī yú shì, bù zé

于人，故能择人而任势。任势
yú rén, gù néng zé rén ér rèn shì. Rèn shì

者，其战人也，如转木石：木
zhě, qí zhàn rén yě, rú zhuàn mù shí: mù

石之性，安则静，危则动，方
shí zhī xìng, ān zé jìng, wēi zé dòng, fāng

则止，圆则行。故善战人之
zé zhǐ, yuán zé xíng. Gù shàn zhàn rén zhī

势，如转圆石于千仞之山
shì, rú zhuàn yuán shí yú qiān rèn zhī shān

者，势也。
zhě, shì yě.

Chapter 5

Momentum

Master Sun said:

Commanding a large armed force is the same as commanding a small one. It is only a matter of establishment and organization. Similarly, in fighting against a large army, one uses the same principles of formation and arrangement which are usually used in fighting a small army.

The armed forces can withstand all attacks of the enemy owing to the correct use of "*qi*" and "*zheng*" — the principles of "combining regular with irregular" or "usual with unusual", "ordinary with surprise move", etc.

An attack could have the forceful impact of a grindstone crushing eggs thanks to the tactics of "utilizing one's strong points to attack the enemy's weak points".

In battles the regulars are used to face the enemy while the irregular striking forces rush to strive for victory.

Those who are capable of defeating their oppo-

47

nents by surprise moves have boundless wisdom and power, like the sky and the earth. Their tactics are inexhaustible, like the flowing water of the rivers. Their versatility resembles the rising and setting of the sun and the moon; their continuity and alternation — the change of the four seasons.

In music, we have only five musical notes (*gong*, *shang*, *jue*, *zhi*, *yu* — five notes in ancient Chinese five-tone scale, corresponding to 1, 2, 3, 5 and 6 in numbered musical notation), yet their various combinations can produce endless melodies. In colour, we have only five pigments (*qing* — green; *huang* — yellow; *chi* — red; *bai* — white; *hei* — black), yet their various combinations can create boundless beauty. In taste, we have only five flavours (*suan* — sour; *tian* — sweet; *ku* — bitter; *la* — peppery; *xian* — salty), yet their various combinations can make unlimited delicacies. In tactics, we have only *qi* and *zheng*, yet their changes and alternations can yield infinite variations. Moreover, one tactical manoeuvre may lead to another, like moving in a circle and never reaching the end. Who can find an impasse in it?

Breaking through obstructions, the rushing torrents can move boulders. With correct timing the hovering falcon pounces on its prey in an extremely short distance. A wise commander attacks with terrifying speed, perfect timing and in a short distance — his army is like a taut crossbow, in attacking it rushes ahead as though the trigger were pressed.

In the battlefield everything looks chaotic and confused, but one should keep his own troops in good order. In case the situation is not yet clear, the general should array his troops in a ring to avoid defeat.

To simulate disorder there must be strict training and discipline. To simulate fear requires great courage. To simulate weakness one must be strong.

Order replaces disorder, depending on organization. Courage replaces fear, depending on an advantageous posture. Strength replaces weakness, depending on military superiority.

A skillful general knows how to weary the enemy by manoeuvring them with a false movement, enticing them with a false gain. Just when the enemy troops are rushing for the gain, our main forces are ready for a major attack.

A skillful military leader seeks victory from an opportune position, relying less on the efforts of individuals. He selects the men to suit the situation. Such men command their troops as people turning the logs and stones. Logs and stones placed on a firm base remain stable. When placed on an insecure foundation they tend to shift. The square ones remain still, while the round ones are ready to roll.

A skillful general pushes his army forward just as momentum creates a landslide thousands of metres down a mountain slope.

虚实篇 第六
Xū shí piān (Dì liù)

孙子曰：凡 先 处 战 地 而 待
Sūnzǐ yuē: Fán xiān chǔ zhàn dì ér dài

敌 者 佚，后 处 战 地 而 趋 战 者
dí zhě yì, hòu chǔ zhàn dì ér qū zhàn zhě

劳。故 善 战 者，致 人 而 不 致 于
láo. Gù shàn zhàn zhě, zhì rén ér bú zhì yú

人。
rén.

能 使 敌 自 至 者，利 之 也。
Néng shǐ dí zì zhì zhě, lì zhī yě.

能 使 敌 不 得 至 者，害 之 也。故
Néng shǐ dí bù dé zhì zhě, hài zhī yě. Gù

敌 佚 能 劳 之，饱 能 饥 之，安
dí yì néng láo zhī, bǎo néng jī zhī, ān

能 动 之，出 其 所 必 趋 也。行
néng dòng zhī, chū qí suǒ bì qū yě. Xíng

千里而不畏者，行无人之地
qiān lǐ ér bú wèi zhě, xíng wú rén zhī dì

也。攻而必取者，攻其所不
yě. Gōng ér bì qǔ zhě, gōng qí suǒ bù

守也。守而必固者，守其所
shǒu yě. Shǒu ér bì gù zhě, shǒu qí suǒ

必攻也。
bì gōng yě.

故善攻者，敌不知其所
Gù shàn gōng zhě, dí bù zhī qí suǒ

守。善守者，敌不知其所攻。
shǒu. Shàn shǒu zhě, dí bù zhī qí suǒ gōng.

微乎微乎，至于无形；神乎
Wēi hū wēi hū, zhì yú wú xíng; shén hū

神乎，至于无声。故能为敌
shén hū, zhì yú wú shēng. Gù néng wéi dí

之司命。
zhī sī mìng.

进而不可御者，冲其虚也；
Jìn ér bù kě yù zhě, chōng qí xū yě;

退而不可追者，远而不可及
tuì ér bù kě zhuī zhě, yuǎn ér bù kě jí

也。故我欲战，敌虽高垒深
yě. Gù wǒ yù zhàn, dí suī gāo lěi shēn

沟，不可不与我战者，攻其所
gōu, bù kě bù yǔ wǒ zhàn zhě, gōng qí suǒ

必救也。我不欲战，画地而守
bì jiù yě. Wǒ bú yù zhàn, huà dì ér shǒu

之，敌不得与我战者，乖其所
zhī, dí bù dé yǔ wǒ zhàn zhě, guāi qí suǒ

之也。
zhī yě.

故形人而我无形，则我专
Gù xíng rén ér wǒ wú xíng, zé wǒ zhuān

而敌分，我专为一，敌分为
ér dí fēn, wǒ zhuān wéi yī, dí fēn wéi

十，是以十击一也，则我众而
shí, shì yǐ shí jī yī yě, zé wǒ zhòng ér

敌寡，能以众击寡者，则吾
dí guǎ, néng yǐ zhòng jī guǎ zhě, zé wú

之所与战者，约矣。吾所与战
zhī suǒ yǔ zhàn zhě, yuē yǐ. Wú suǒ yǔ zhàn

之地不可知，不可知则敌所
zhī dì bù kě zhī, bù kě zhī zé dí suǒ

备 者 多 ， 敌 所 备 者 多 ， 则 吾 所
bèi zhě duō, dí suǒ bèi zhě duō, zé wú suǒ

与 战 者 寡 矣。 故 备 前 则 后 寡 ，
yǔ zhàn zhě guǎ yǐ. Gù bèi qián zé hòu guǎ,

备 后 则 前 寡 ； 备 左 则 右 寡 ， 备
bèi hòu zé qián guǎ; bèi zuǒ zé yòu guǎ, bèi

右 则 左 寡 ； 无 不 备 者 无 不 寡 。
yòu zé zuǒ guǎ; wú bú bèi zhě wú bù guǎ.

寡 者 ， 备 人 者 也 ； 众 者 ， 使 人
Guǎ zhě, bèi rén zhě yě; zhòng zhě, shǐ rén

备 己 者 也 。
bèi jǐ zhě yě.

知 战 之 日 ， 知 战 之 地 ， 千
Zhī zhàn zhī rì, zhī zhàn zhī dì, qiān

里 而 战 ； 不 知 战 之 日 ， 不 知
lǐ ér zhàn; bù zhī zhàn zhī rì, bù zhī

战 之 地 ， 则 前 不 能 救 后 ， 后
zhàn zhī dì, zé qián bù néng jiù hòu, hòu

不 能 救 前 ， 左 不 能 救 右 ， 右
bù néng jiù qián, zuǒ bù néng jiù yòu, yòu

不 能 救 左 ， 而 况 远 者 数 十
bù néng jiù zuǒ, ér kuàng yuǎn zhě shù shí

里，近者数里乎？
lǐ, jìn zhě shù lǐ hū?

以吾度之，越人之兵虽多，
Yǐ wú duó zhī, Yuè rén zhī bīng suī duō,

亦奚益于胜哉？故曰，胜可
yì xī yì yú shèng zāi? Gù yuē, shèng kě

为也。故虽众，可使无斗。
wéi yě. Dí suī zhòng, kě shǐ wú dòu.

故策之而知得失之计，作
Gù cè zhī ér zhī dé shī zhī jì, zuò

之而知动静之理，形之而知
zhī ér zhī dòng jìng zhī lǐ, xíng zhī ér zhī

死生之地，角之而知有余不
sǐ shēng zhī dì, jué zhī ér zhī yǒu yú bù

足之处。
zú zhī chù.

故形兵之极，至于无形；无
Gù xíng bīng zhī jí, zhì yú wú xíng; wú

形，则深间不能窥，智者不
xíng, zé shēn jiàn bù néng kuī, zhì zhě bù

能谋。
néng móu.

因 形 而 措 胜 于 众， 众 不
Yīn xíng ér cuò shèng yú zhòng, zhòng bù

能 知， 人 皆 知 我 所 以 胜 之
néng zhī, rén jiē zhī wǒ suǒ yǐ shèng zhī

形， 而 莫 知 吾 所 以 制 胜 之
xíng, ér mò zhī wú suǒ yǐ zhì shèng zhī

形， 故 其 战 胜 不 复， 而 应 形
xíng, gù qí zhàn shèng bú fù, ér yìng xíng

于 无 穷。
yú wú qióng.

夫 兵 形 象 水， 水 行， 避 高
Fú bīng xíng xiàng shuǐ, shuǐ xíng, bì gāo

而 走 下； 兵 胜， 避 实 而 击 虚。
ér zǒu xià; bīng shèng, bì shí ér jī xū.

水 因 地 而 制 行， 兵 因 敌 而 制
Shuǐ yīn dì ér zhì xíng, bīng yīn dí ér zhì

胜。 兵 无 成 势， 无 恒 形， 能
shèng. Bīng wú chéng shì, wú héng xíng, néng

与 敌 变 化 而 取 胜 者， 谓 之
yǔ dí biàn huà ér qǔ shèng zhě, wèi zhī

神。
shén.

56

故五行无常胜，四时无
常位。日有短长，月有死
生。

Chapter 6

Contending for Initiative

Master Sun said:

Only the army which reaches the battlefield early can wait at ease for the enemy. The army which reaches the battlefield late has to rush into action while exhausted. A skillful commander manoeuvres the enemy and never allows himself to be thrown into passivity.

An experienced commander entices the enemy into going where he wishes them to be and prevents them from reaching their objective. Thus, he could make the enemy feel fatigued when they are resting at ease, feel hungry though food is plentiful. He forces the enemy to move on when they want to make camp. All because his troops are marching towards the vantage-point which the enemy could not afford to lose. His army can travel thousands of *li* without fear, because his men meet no resistance. His army takes positions wherever it attacks, because these positions are not fortified. His defence is always strong and unbreakable, because it appears where the enemy's attack is bound to occur.

Facing the skillful ones in offensive tactics, the enemy cannot tell what to defend; facing the skillful ones in defensive tactics, the enemy cannot tell where to attack. How delicate and subtle! The utmost stage leads to intangibility. How mystical and miraculous! The utmost stage leads to utter silence. In this way one can control the fate of the enemy.

When you direct your attacks against the enemy's weak points, your attacks become irresistible. You can retreat without danger of pursuit and capture, because your army keeps a safe distance and travels faster than the enemy. To lure the enemy out of an inaccessible stronghold, you just attack some positions which they should defend at all costs. To avoid a decisive engagement, you just change the direction of the enemy's attacks with unexpected sorties.

Make a reconnaissance of the enemy's situation while keeping them ignorant of yours, you can concentrate your forces and divide theirs. When you mass your troops into **one** group, the enemy troops are disintegrated into **ten**. Thus, you can attack the enemy with a force ten times stronger than the latter. This produces a great disparity in numerical strength. The outnumbered enemy force, therefore, falls into dire straits. If you do not let your enemy know where you plan to attack, they have to prepare to defend quite a few possible places, which means that the resistance they actually offer at any one point is limited. When the enemy concentrates on defending their front position, their rear will be weak; when they concentrate on defending their rear, their front position will be vulnerable to attack. When they strengthen the defence of their right flank, the left will be weak; and when they strengthen the left, the right will be weak. If they scatter their forces to defend all positions, then, the spirit is willing, but the flesh is weak. Weak are the forces which are stationed everywhere for defence. Strong are the forces which make the enemy men scattered, waiting for a beating.

When the commander knows when and where to fight the battle, he can fight it even one thousand *li* away. Without knowing the time and place of a coming battle, the commander cannot coordinate his forces — the front cannot help the rear, the rear cannot help the front; the left wing cannot help the right wing, the right wing cannot help the left wing — let alone those which are several or even dozens of *li* away.

In my view, the army of the State of Yue was

enormous, but what good did it bring to the State? Thus, victory can be achieved through one's own efforts. The enemy forces, though superior in numerical strength, can be rendered impotent.

Through analysis we can ascertain the enemy's plans and plots; through provocation their movements; by way of feint their geographical conditions; and by military reconnaissance the strong and weak points of the enemy.

Reaching the height of manoeuverability, one conceals his plans so that even the spies long succeeded in staying hidden cannot detect anything and even the most skillful opponents cannot formulate counter plans.

To subdue the enemy by unpredictable tactics is beyond the comprehension of the masses. They see only the victory itself, but not the tactics which lead to this victory. New victories are not achieved by putting on old plays. The variations of the military tactics in accordance with the changing circumstances know no end.

The principles in tactics may be compared to the nature of water. The flowing water avoids a level higher than itself and runs down to a lower level, an army stays clear of the enemy's main force and strikes at his weak points in order to gain victory. The water adapts to the topographical features while running, an army adapts its tactics to suit the enemy in winning victory. There are no fixed forms or inflexible rules in military tactics. Only those who are able to vary their tactics according to the changing manoeuvre of the enemy and win victories have really miraculous skill.

None of the Five Elements (*jin* — metal; *mu* — wood; *shui* — water; *huo* — fire; *tu* — earth) is invincible; none of the Four Seasons (*chun* — spring; *xia* — summer; *qiu* — autumn; *dong* — winter) constant or fixed. The daytime can be long or short, and the moon waxes or, sometimes, is on the wane.

军 争 篇 第七
Jūn zhēng piān（Dì qī）

孙 子 曰：凡 用 兵 之 法，将
Sūnzǐ yuē: Fán yòng bīng zhī fǎ, jiàng

受 命 于 君，合 军 聚 众，交 和
shòu mìng yú jūn, hé jūn jù zhòng, jiāo hé

而 舍，莫 难 于 军 争。军 争 之
ér shè, mò nán yú jūn zhēng. Jūn zhēng zhī

难 者，以 迂 为 直，以 患 为 利。
nán zhě, yǐ yū wéi zhí, yǐ huàn wéi lì.

故 迂 其 途，而 诱 之 以 利，后 人
Gù yū qí tú, ér yòu zhī yǐ lì, hòu rén

发，先 人 至，此 知 迂 直 之 计 者
fā, xiān rén zhì, cǐ zhī yū zhí zhī jì zhě

也。
yě.

军 争 为 利，军 争 为 危。举
Jūn zhēng wéi lì, jūn zhēng wéi wēi. Jǔ

军 而 争 利 , 则 不 及 。 委 军 而
jūn ér zhēng lì, zé bù jí. Wěi jūn ér

争 利 , 则 辎 重 捐 。 是 故 卷 甲
zhēng lì, zé zī zhòng juān. Shì gù juǎn jiǎ

而 趋 , 日 夜 不 处 , 倍 道 兼 行 , 百
ér qū, rì yè bù chǔ, bèi dào jiān xíng, bǎi

里 而 争 利 , 则 擒 三 将 军 。 劲
lǐ ér zhēng lì, zé qín sān jiāng jūn. Jìn

者 先 , 疲 者 后 , 其 法 十 一 而 至 。
zhě xiān, pí zhě hòu, qí fǎ shí yī ér zhì.

五 十 里 而 争 利 , 则 蹶 上 将
Wǔ shí lǐ ér zhēng lì, zé jué shàng jiāng

军 , 其 法 半 至 。 三 十 里 而 争
jūn, qí fǎ bàn zhì. Sān shí lǐ ér zhēng

利 , 则 三 分 之 二 至 。 是 故 军 无
lì, zé sān fēn zhī èr zhì. Shì gù jūn wú

辎 重 则 亡 , 无 粮 食 则 亡 , 无
zī zhòng zé wáng, wú liáng shí zé wáng, wú

委 积 则 亡 。
wěi jī zé wáng.

故 不 知 诸 侯 之 谋 者 , 不 能
Gù bù zhī zhū hóu zhī móu zhě, bù néng

豫交。不知山林险阻沮泽之
yù jiāo. Bù zhī shān lín xiǎn zǔ jù zé zhī

形者，不能行军。不用向导
xíng zhě, bù néng xíng jūn. Bú yòng xiǎng dǎo

者，不能得地利。
zhě, bù néng dé dì lì.

故兵以诈立，以利动，以分
Gù bīng yǐ zhà lì, yǐ lì dòng, yǐ fēn

合为变者也。故其疾如风，其
hé wéi biàn zhě yě. Gù qí jí rú fēng, qí

徐如林，侵掠如火，不动如
xú rú lín, qīn lüè rú hǒu, bú dòng rú

山，难知如阴，动如雷震。
shān, nán zhī rú yīn, dòng rú léi zhèn.

掠乡分众，廓地分利，悬
Lüè xiāng fēn zhòng, kuò dì fēn lì, xuán

权而动。
quán ér dòng.

先知迂直之计者胜，此军
Xiān zhī yū zhí zhī jì zhě shèng, cǐ jūn

争之法也。军政曰：言不相
zhēng zhī fǎ yě. Jūn zhèng yuē: yán bù xiāng

闻，故为鼓金；视不相见，故
wén, gù wéi gǔ jīn; shì bù xiāng jiàn, gù

为旌旗。是故昼战多旌旗，
wéi jīng qí. Shì gù zhòu zhàn duō jīng qí,

夜战多鼓金。夫鼓金旌旗者，
yè zhàn duō gǔ jīn. Fú gǔ jīn jīng qí zhě,

所以一民之耳目也。民既专
suǒ yǐ yī mín zhī ěr mù yě. Mín jì zhuān

一，则勇者不得独进，怯者不
yī, zé yǒng zhě bù dé dú jìn, qiè zhě bù

得独退，此用众之法也。
dé dú tuì, cǐ yòng zhòng zhī fǎ yě.

三军可夺气，将军可夺心。
Sān jūn kě duó qì, jiāng jūn kě duó xīn.

是故朝气锐，昼气惰，暮气
Shì gù zhāo qì ruì, zhòu qì duò, mù qì

归。故善用兵者，避其锐气，
guī. Gù shàn yòng bīng zhě, bì qí ruì qì,

击其惰归，此治气者也。以治
jī qí duò guī, cǐ zhì qì zhě yě. Yǐ zhì

待乱，以静待哗，此治心者也。
dài luàn, yǐ jìng dài huá, cǐ zhì xīn zhě yě.

以近待远，以佚待劳，以饱待
Yǐ jìn dài yuǎn, yǐ yì dài láo, yǐ bǎo dài

饥，此治力者也。无邀正正
jī, cǐ zhì lì zhě yě. Wù yāo zhèng zhèng

之旗，勿击堂堂之阵，此治
zhī qí, wù jī táng táng zhī zhèn, cǐ zhì

变者也。
biàn zhě yě.

　　故用兵之法，高陵勿向，
　　Gù yòng bīng zhī fǎ, gāo líng wù xiàng,

背丘勿迎，佯北勿从，锐卒勿
bèi qiū wù yíng, yáng běi wù cóng, ruì zú wù

攻，饵兵勿食，归师勿遏，围
gōng, ěr bīng wù shí, guī shī wù è, wéi

师遗阙，穷寇勿追，此用兵
shī yí quē, qióng kòu wù zhuī, cǐ yòng bīng

之法也。
zhī fǎ yě.

Chapter 7

Vying for Superiority

Master Sun said:

In waging a war, the mandated general of the sovereign has a lot of difficulties in mobilizing the masses, organizing the army and deploying the ranks in battle array. Yet, the most difficult thing is to know how to vie for superiority. It is difficult because the devious route might be taken as a shortcut and the disadvantageous condition transformed into an advantageous one. People who understand the principle of relative devious route often entice the enemy into taking a roundabout route for a small gain so that they may arrive first at the battlefield even though they set off late.

It is advantageous to fight for superiority. It is also dangerous to fight for superiority. To march with all the military equipments may retard your advance, but to leave the equipments behind may result in the serious loss of supplies. If the leader wants to make gain by forcing his troops to drop their equipments and march day and night over one hundred *li*, he may lose his major commander. The stronger men will come first, the weaker ones lagging behind; as a rule, not more than one in ten can arrive on time. If a forced march covers fifty *li*, the vanguard commander is likely to be defeated and only half the men will arrive on time. If the march covers thirty *li*, two-thirds of the men are likely to be in position on time. An army which loses its impedimenta, provisions or supply base will surely perish.

Do not enter into alliance with other sovereigns before knowing their plans. Do not move your troops before studying the layout of the land — its mountains, forests, passes, lakes, rivers, and so on.

You cannot make full use of all natural advantages if you do not employ guides.

War is based on deception and motivated by gains. Its soul lies in varying the dispersion and concentration of forces. The troops should be able to move swiftly as a strong wind, slowly as a forest; be as destructive as fire, unmoveable as a mountain; they may remain as impenetrable as an overcast sky or strike suddenly like a thunderbolt.

Loot in enemy's villages and towns, distribute the captives; expand the territories and divide the gains. Weigh the advantages and disadvantages before you make any move.

Those who understand the principle of relative devious route before fighting will win. This is the main point in striving for military superiority. *Jun zheng* (Treatise on War) pointed out: when the voice is inaudible, signal with gongs and drums; when people cannot see each other, signal with banners and flags. Banners and flags are used mostly in daytime fighting, while gongs and drums are used mostly in night fighting. By using drums and gongs, banners and flags, the commanders control their men so that they act as one, with neither the bravest advancing alone nor the most cowardly retreating on his own. This is the way the commanders control their enormous troops.

Army may become demoralised, just as a general may grow discouraged. In the early stages of battle the fighting spirit is strong, but later it tends to flag. Towards the end it may die out. Therefore, a skillful general avoids encounters with enemy troops when their spirits are high and attacks when they are tired and withdraw. This is what is known as making use of the army's morale. A skillful commander always keeps his troops in good order in contrast with the enemy's disorder; he keeps his men calm while the enemy's are anxious and fearful. This is for the control of the army's mental states. A skillful commander remains close when the enemy might be distant, his troops rest when the enemy soldiers are toiling, his men feast while the enemy men starve. This is the right way in keeping combat effectiveness. Do not take up the enemy's challenge when its banners indicate that their troops are in good order and condition. Do not attack a strong enemy with a well-organized position. This is how a skillful master does in adapting himself to circumstances.

So the principles are as follows: Do not attack uphill; do not make frontal attack at the enemy troops with their back against a mountain; do not pursue if they merely simulate flight; do not challenge them when their fighting spirit is strong; do not be tempted by false bait; do not stop the enemy if they are determined to return back to their own State; when laying siege, leave them a way of retreat; do not drive a defeated enemy to desperation. These are the guiding principles in the disposition for battles.

九 变 篇 第 八
Jiǔ biàn piān（Dì bā）

孙 曰：凡 用 兵 之 法，将 受
Sūnzǐ yuē：Fán yòng bīng zhī fǎ，jiàng shòu

命 于 君，合 军 聚 众。圮 地 无
mìng yú jūn，hé jūn jù zhòng. Pǐ dì wù

舍，衢 地 交 合，绝 地 无 留，围 地
shè，qú dì jiāo hé，jué dì wù liú，wéi dì

则 谋，死 地 则 战。
zé móu，sǐ dì zé zhàn.

涂 有 所 不 由，军 有 所 不 击，
Tú yǒu suǒ bù yóu，jūn yǒu suǒ bù jī，

城 有 所 不 攻，地 有 所 不 争。
chéng yǒu suǒ bù gōng，dì yǒu suǒ bù zhēng.

君 命 有 所 不 受。
Jūn mìng yǒu suǒ bú shòu.

故 将 通 于 九 变 之 利 者，知
Gù jiàng tōng yú jiǔ biàn zhī lì zhě，zhī

用 兵 矣。将 不 通 九 变 之 利，
yòng bīng yǐ. Jiàng bù tōng jiǔ biàn zhī lì，

虽 知 地 形 , 不 能 得 地 之 利 矣 。
suī zhī dì xíng, bù néng dé dì zhī lì yǐ.

治 兵 不 知 九 变 之 术 , 虽 知 五
Zhì bīng bù zhī jiǔ biàn zhī shù, suī zhī wǔ

利 , 不 能 得 人 之 用 矣 。
lì, bù néng dé rén zhī yòng yǐ.

是 故 智 者 之 虑 , 必 杂 于 利
Shì gù zhì zhě zhī lǜ, bì zá yú lì

害 。 杂 于 利 , 而 务 可 信 也 。 杂 于
hài. Zá yú lì, ér wù kě xìn yě. Zá yú

害 , 而 患 可 解 也 。
hài, ér huàn kě jiě yě.

是 故 屈 诸 侯 者 以 害 , 役 诸
Shì gù qū zhū hóu zhě yǐ hài, yì zhū

侯 者 以 业 , 趋 诸 侯 者 以 利 。
hóu zhě yǐ yè, qū zhū hóu zhě yǐ lì.

故 用 兵 之 法 , 无 恃 其 不 来 ,
Gù yòng bīng zhī fǎ, wù shì qí bù lái,

恃 吾 有 以 待 也 。 无 恃 其 不 攻 ,
shì wú yǒu yǐ dài yě. Wù shì qí bù gōng,

恃 吾 有 所 不 可 攻 也 。
shì wú yǒu suǒ bù kě gōng yě.

故 将 有 五 危：必 死，可 杀
Gù jiàng yǒu wǔ wēi: bì sǐ, kě shā

也；必 生，可 虏 也；忿 速，可 侮
yě; bì shēng, kě lǔ yě; fèn sù, kě wǔ

也；廉 洁，可 辱 也；爱 民，可 烦
yě; lián jié, kě rǔ yě; ài mín, kě fán

也。凡 此 五 者，将 之 过 也，用
yě. Fán cǐ wǔ zhě, jiàng zhī guò yě, yòng

兵 之 灾 也。覆 军 杀 将，必 以 五
bīng zhī zāi yě. Fù jūn shā jiàng, bì yǐ wǔ

危，不 可 不 察 也。
wēi, bù kě bù chá yě.

Chapter 8

Nine Options

Master Sun said:

In waging a war, the mandated general mobilizes the masses and organizes the army according to the orders of the sovereign. In *pidi* (difficult land or position, see Chapter 11), do not pitch camps; in *qudi* (commanding land or position, see Chapter 11), ally with nearby sovereigns; in *juedi* (isolated land), do not make even a brief stop; in *weidi* (beleaguered land or position, see Chapter 11), rely on strategem; in *sidi* (desperate land or position, see Chapter 11), fight to the death.

Sometimes there are routes which must not be taken; enemy troops which must not be attacked; walled cities which should not be stormed; positions which should not be contested. (In the above-mentioned four cases,) the orders from the Sovereign afar are sometimes best disobeyed.

The general who understands the advantages of the nine options really knows the essentials of war. The general who does not understand the advantages of the nine options cannot make use of the natural advantages, although he may be quite familiar with the topographical features of the battlefield. The sovereign who does not understand the tactics of the nine options, though he might have known the five principles regarding the land or position problems, cannot make proper use of his generals.

It is, therefore, essential for a wise leader to weigh both favourable and unfavourable factors. Keeping the favourable factors in mind, his objectives could be won; taking the unfavourable factors in consideration, he frees himself from troubles.

The sovereigns can be cowered by the infliction of heavy loss, wearied by constant harassment and lured by gain.

The principle in warfare is not relying on the possibility that the enemy troops might not come; it relies on the fact that we are well prepared to confront them. It is not relying on the possibility that the enemy troops might not attack; it relies on the fact that our positions are unassailable.

A general may have the following five dangerous shortcomings: he might be reckless and often risks his own life, then he could easily be killed; he might care for nothing but saving his own skin, then he could easily be captured; he might be quick-tempered, then he could easily be provoked; he might be too sensitive about his honour, then he could easily be insulted; he might be over-concerned about the inhabitants, then he could easily be harassed. These five shortcomings of the generals are disastrous in commanding troops. When a whole army was destroyed or a commander-in-chief was killed, the cause could always be traced to one of these five shortcomings. This calls for deep thought.

行 军 篇 第九
Xíng jūn piān (Dì jiǔ)

孙 子 曰：凡 处 军 相 敌，绝 山
Sūnzǐ yuē: Fán chǔ jūn xiàng dí, jué shān

依 谷，视 生 处 高，战 隆 无 登，
yī gǔ, shì shēng chǔ gāo, zhàn lóng wù dēng,

此 处 山 之 军 也。绝 水 必 远
cǐ chǔ shān zhī jūn yě. Jué shuǐ bì yuǎn

水。客 绝 水 而 来，勿 迎 之 于 水
shuǐ. Kè jué shuǐ ér lái, wù yíng zhī yú shuǐ

内，令 半 济 而 击 之，利。欲 战
nèi, lìng bàn jì ér jī zhī, lì. Yù zhàn

者，无 附 于 水 而 迎 客。视 生
zhě, wù fù yú shuǐ ér yíng kè. Shì shēng

处 高，无 迎 水 流，此 处 水 上
chǔ gāo, wù yíng shuǐ liú, cǐ chǔ shuǐ shàng

之 军 也。绝 斥 泽，惟 亟 去 无 留。
zhī jūn yě. Jué chì zé, wéi jí qù wù liú.

若交军于斥泽之中，必依水
Ruò jiāo jūn yú chì zé zhī zhōng, bì yī shuǐ

草而背众树，此处斥泽之军
cǎo ér bèi zhòng shù, cǐ chǔ chì zé zhī jūn

也。平陆处易，而右背高，前
yě. Píng lù chǔ yì, ér yòu bèi gāo, qián

死后生，此处平陆之军也。
sǐ hòu shēng, cǐ chǔ píng lù zhī jūn yě.

凡此四军之利，黄帝之所
Fán cǐ sì jūn zhī lì, Huáng dì zhī suǒ

以胜四帝也。
yǐ shèng sì dì yě.

凡军，好高而恶下，贵阳而
Fán jūn, hào gāo ér wù xià, guì yáng ér

贱阴，养生而处实。军无百
jiàn yīn, yǎng shēng ér chǔ shí. Jūn wú bǎi

疾，是谓必胜。丘陵堤防，必
jí, shì wèi bì shèng. Qiū líng dī fáng, bì

处其阳而右背之。此兵之利，
chǔ qí yáng ér yòu bèi zhī. Cǐ bīng zhī lì,

地之助也。
dì zhī zhù yě.

上雨，水沫至，欲涉者，待
Shàng yǔ, shuǐ mò zhì, yù shè zhě, dài

其定也。
qí dìng yě.

凡地有绝涧、天井，天牢、
Fán dì yǒu jué jiàn、tiān jǐng, tiān láo、

天罗、天陷、天隙，必亟去之，
tiān luó、tiān xiàn、tiān xì, bì jí qù zhī,

勿近也。吾远之，敌近之；吾
wù jìn yě. Wú yuǎn zhī, dí jìn zhī; wú

迎之，敌背之。
yíng zhī, dí bèi zhī.

军行有险阻、潢井、葭苇、
Jūn xíng yǒu xiǎn zǔ、huáng jǐng、jiā wěi、

山林、翳荟者，必谨复索之，
shān lín、yì huì zhě, bì jǐn fù suǒ zhī,

此伏奸之所处也。
cǐ fú jiān zhī suǒ chǔ yě.

敌近而静者，恃其险也。远
Dí jìn ér jìng zhě, shì qí xiǎn yě. Yuǎn

而挑战者，欲人之进也。其所
ér tiǎo zhàn zhě, yù rén zhī jìn yě. Qí suǒ

居易者，利也。众树动者，来
jū yì zhě, lì yě. Zhòng shù dòng zhě, lái

也。众草多障者，疑也。鸟
yě. Zhòng cǎo duō zhàng zhě, yí yě. Niǎo

起者，伏也。兽骇者，覆也。尘
qǐ zhě, fú yě. Shòu hài zhě, fù yě. Chén

高而锐者，车来也。卑而广
gāo ér ruì zhě, chē lái yě. Bēi ér guǎng

者，徒来也。散而条达者，樵
zhě, tú lái yě. Sǎn ér tiáo dá zhě, qiáo

采也。少而往来者，营军也。
cǎi yě. Shǎo ér wǎng lái zhě, yíng jūn yě.

　辞卑而益备者，进也。辞强
　Cí bēi ér yì bèi zhě, jìn yě. Cí qiáng

而进驱者，退也。轻车先出居
ér jìn qū zhě, tuì yě. Qīng chē xiān chū jū

其侧者，陈也。无约而请和
qí cè zhě, chén yě. Wú yuē ér qǐng hé

者，谋也。奔走而陈兵者，期
zhě, móu yě. Bēn zǒu ér chén bīng zhě, qī

也。半进半退者，诱也。
yě. Bàn jìn bàn tuì zhě, yòu yě.

杖 而 立 者，饥 也。汲 而 先
Zhàng ér lì zhě, jī yě. Jí ér xiān

饮 者，渴 也。见 利 而 不 进 者，劳
yǐn zhě, kě yě. Jiàn lì ér bú jìn zhě, láo

也。鸟 集 者，虚 也。夜 呼 者，恐
yě. Niǎo jí zhě, xū yě. Yè hū zhě, kǒng

也。军 扰 者，将 不 重 也。旌 旗
yě. Jūn rǎo zhě, jiàng bú zhòng yě. Jīng qí

动 者，乱 也。吏 怒 者，倦 也。粟
dòng zhě, luàn yě. Lì nù zhě, juàn yě. Sù

马 肉 食，军 无 悬 甀 不 返 其 舍
mǎ ròu shí, jūn wú xuán zhuì, bù fǎn qí shè

者，穷 寇 也。谆 谆 翕 翕，徐 与
zhě, qióng kòu yě. Zhūn zhūn xī xī, xú yǔ

人 言 者，失 众 也。数 赏 者，
rén yán zhě, shī zhòng yě. Shuò shǎng zhě,

窘 也；数 罚 者，困 也。先 暴 而
jiǒng yě; shuò fá zhě, kùn yě. Xiān bào ér

后 畏 其 众 者，不 精 之 至 也。
hòu wèi qí zhòng zhě, bù jīng zhī zhì yě.

来 委 谢 者，欲 休 息 也。兵 怒 而
Lái wěi xiè zhě, yù xiū xī yě. Bīng nù ér

82

相迎，久而不合，又不相去，
xiāng yíng, jiǔ ér bù hé, yòu bù xiāng qù,

必谨察之。
bì jǐn chá zhī.

兵非贵益多，惟无武进，足
Bīng fēi guì yì duō, wéi wù wǔ jìn, zú

以并力、料敌、取人而已。夫
yǐ bìng lì, liào dí, qǔ rén ér yǐ. Fú

惟无虑而易敌者，必擒于人。
wéi wú lǜ ér yì dí zhě, bì qín yú rén.

卒未专亲而罚之，则不服，
Zú wèi zhuān qīn ér fá zhī, zé bù fú,

不服则难用也。卒已专亲而
bù fú zé nán yòng yě. Zú yǐ zhuān qīn ér

罚不行，则不可用也。故合之
fá bù xíng, zé bù kě yòng yě. Gù hé zhī

以文，齐之以武，是谓必取。
yǐ wén, qí zhī yǐ wǔ, shì wèi bì qǔ.

令素行以教其民，则民服；令
Lìng sù xíng yǐ jiāo qí mín, zé mín fú; lìng

不素行以教其民，则民不服。
bú sù xíng yǐ jiāo qí mín, zé mín bù fú.

令素行者，与众相得也。

Lìng sù xíng zhě, yǔ zhòng xiāng dé yě.

Chapter 9

Troop Deployment

Master Sun said:

In deploying your own units and observing the enemy forces, the following principles should be taken into account: while crossing over mountains, march first along the valleys; while engaged in mountain warfare, encamp on high ground and face south, fight downhill and not uphill. In river combat, if you want to cross a river, be sure that your camp sites chosen after crossing are not near the water. When you want to attack the enemy troops which are crossing the river, do not meet them in the water, instead, ambush them when they are about to land. In waging a decisive battle, your positions should not be kept on the river bank. In camping, keep to high ground and fight downstream, not upstream. You can cross a marsh land, but never stop and leave it as soon as possible. If you have no other choice than engaging in battle in a marsh, hold positions where there are reeds and drinking water, and trees to the rear. Fighting on a plain, be sure to occupy an open terrain with your right flank against a high ground. Better to have a natural barrier in the front and an easy supply route at the rear.

Because he enjoyed the advantages of all these four kinds of warfare, the Yellow Emperor (*Huangdi*) defeated the other four lords (the Red Lord — *Chidi* — in the south; the Green Lord — *Qingdi* — in the east; the Black Lord — *Heidi* — in the north, and the White Lord — *Baidi* — in the west).

All armies prefer high to low ground, sunshine to shade. They need proper military supplies and living conditions. A healthy army is an invincible army. Camping on a hilly land or near an embankment, occupy the sunny side with your right wing in front of it. Such topographical advantages should be utilized in military operations.

When it is necessary to ford a foaming river during heavy rain, wait till the water begins to subside.

Do not come close to places with precipitous cliffs, deep caverns, inaccessible recesses, tangled undergrowth, treacherous quagmires or dangerous ridge or ravine. When the terrain is dangerous, face it and let it be to the rear of the enemy. Let the enemy troops come near while your troops keep a distance from it.

When a marching army finds itself admidst dangerous passes, ponds filled with reeds, thick woods or places with narrow field of vision, the army commander should order the troops to make careful and repeated search, since such regions usually provide ideal cover for the enemy's manoeuvres.

If the enemy troops appear undisturbed when approached, it indicates that they are confident of their safety. If the enemy troops make a challenge after a long march, it indicates that they are eager to lure you in deep. If the enemy troops apparently occupy a vulnerable position, this could mean a bait. Trees sway without breeze, it indicates that the enemy troops are approaching. Flat grassland but with many obstacles may mean a deceptive battle array of the enemy. Birds suddenly taking flight indicate an ambush. Animals startled out of their haunts indicate that a sudden massive attack has been launched. High and sharp clouds of dust indicate the approach of chariots. Low lying clouds of dust which covers a rather large area indicate the approach of infantry. Dusts flying up in different directions indicate that the enemy men are collecting firewood. Scarce dust now rising, now falling, may indicate that the enemy troops are encamping.

Humble speech of the enemy envoy accompanied

by intensified war-preparations indicates that an attack is imminent. Arrogant speech of the enemy envoy accompanied by a show of a hasty attack indicates that a retreat could be anticipated. If the light chariots rush along the flanks, it may indicate that the enemy troops are in battle formation. When the enemy suddenly sue for a ceasefire without any prearrangement, it is undoubtedly a plot. Unusual and prolonged formation activity in the enemy camps may indicate that they are preparing for a decisive battle. If the enemy troops advance and withdraw half-heartedly, they are trying to draw you forward.

When you see the halberdiers leaning on their weapons as though on walking sticks, you can tell with confidence that the soldiers are starving for food. When water carriers drink first, there must be a serious scarcity of water. If the enemy fail to seize an obvious gain, it means that the enemy troops are quite weary. Where birds flock together, it may indicate that the place is empty of men. Screaming at night indicates fear. Disorder and turmoil in the ranks signify the lack of authority of the generals. Unusual shifting of banners and flags indicates that the enemy troops are in chaos. When the officers get angry easily with their men, it indicates that they are weary of war.

When horses are fed with grain and men feasted with meat, cooking vessels are put aside and the camps abandoned, it indicates that the enemy is determined to break out of encirclement. In talking with their subordinates, the commanders appear soft-spoken and submissive, meek and subservient, it means that the men have lost confidence in their superiors. Frequently offering rewards and bribes to push his men on means that the commander has come to the end of his rope. When the commander has to resort frequently to punishment, his army must have been driven to the wall. When he acts without consistency, first bullying and then entreating his men, it is clear that this general is neither able nor efficient. When the enemy envoy acts obsequiously, it indicates that he needs a ceasefire. Pay great attention to the enemy which first advance forward in a fury but then stop abruptly, and for a long time neither engage in battle nor withdraw.

The strength of an army is not merely in its numbers. The general who is free of blind actions and premature advance, able to use all forces to best advantage and to foresee the moves of the enemy correctly will surely win. Only those who do not give the military matters their careful consideration, and, moreover, underestimate the enemy, are sure to be taken prisoners by their opponents.

If the general resorts to punishment before winning over his men with affection and spirit of solidarity, his men will not obey him, and without such obedience you cannot use this army. If the men have already been won over by affection and spirit of solidarity, yet no disciplinary measures are taken when necessary, you cannot use this army either. So coordinate your troops with benevolence and affection, unify them with laws and regulations, your army will be ever-victorious. Discipline enforced with consistency cultivates obedience of the troops. Troops not trained in consistent discipline do not know obedience. The orders of the general are always carried out without difficulty because the general and his men trust each other.

地 形 篇 第 十
Dì xíng piān (Dì shí)

孙 子 曰：地 形 有 通 者，有 挂
Sūnzǐ yuē: Dì xíng yǒu tōng zhě, yǒu guà

者，有 支 者，有 隘 者，有 险 者，
zhě, yǒu zhī zhě, yǒu ài zhě, yǒu xiǎn zhě,

有 远 者。我 可 以 往，彼 可 以
yǒu yuǎn zhě. Wǒ kě yǐ wǎng, bǐ kě yǐ

来，曰 通。通 形 者，先 居 高
lái, yuē tōng. Tōng xíng zhě, xiān jū gāo

阳，利 粮 道，以 战 则 利。可 以
yáng, lì liáng dào, yǐ zhàn zé lì. Kě yǐ

往，难 以 返，曰 挂。挂 形 者，敌
wǎng, nán yǐ fǎn, yuē guà. Guà xíng zhě, dí

无 备，出 而 胜 之；敌 若 有 备，
wú bèi, chū ér shèng zhī; dí ruò yǒu bèi,

出 而 不 胜，难 以 返，不 利。我
chū ér bú shèng, nán yǐ fǎn, bú lì. Wǒ

出 而 不 利， 彼 出 而 不 利， 曰 支。
chū ér bú lì, bǐ chū ér bú lì, yuē zhī.

支 形 者， 敌 虽 利 我， 我 无 出 也，
Zhī xíng zhě, dí suī lì wǒ, wǒ wù chū yě,

引 而 去 之， 令 敌 半 出 而 击 之，
yǐn ér qù zhī, lìng dí bàn chū ér jī zhī,

利。隘 形 者， 我 先 居 之， 必 盈
lì. Ài xíng zhě, wǒ xiān jū zhī, bì yíng

之 以 待 敌。若 敌 先 居 之， 盈 而
zhī yǐ dài dí. Ruò dí xiān jū zhī, yíng ér

勿 从， 不 盈 而 从 之。险 形 者，
wù cóng, bù yíng ér cóng zhī. Xiǎn xíng zhě,

我 先 居 之， 必 居 高 阳 以 待 敌。
wǒ xiān jū zhī, bì jū gāo yáng yǐ dài dí.

若 敌 先 居 之， 引 而 去 之， 勿 从
Ruò dí xiān jū zhī, yǐn ér qù zhī, wù cóng

也。远 形 者， 势 均， 难 以 挑 战，
yě. Yuǎn xíng zhě, shì jūn, nán yǐ tiǎo zhàn,

战 而 不 利。
zhàn ér bú lì.

凡 此 六 者， 地 之 道 也， 将 之
Fán cǐ liù zhě, dì zhī dào yě, jiàng zhī

至任，不可不察也。
zhì rèn, bù kě bù chá yě.

故兵有走者，有弛者，有陷
Gù bīng yǒu zǒu zhě, yǒu chí zhě, yǒu xiàn

者，有崩者有乱者，有北者。
zhě, yǒu bēng zhě, yǒu luàn zhě, yǒu běi zhě.

凡此六者，非天之灾，将之过
Fán cǐ liù zhě, fēi tiān zhī zāi, jiàng zhī guò

也。
yě.

夫势均，以一击十，日走。卒
Fú shì jūn, yǐ yī jī shí, yuē zǒu. Zú

强吏弱，日弛。吏强卒弱，日
qiáng lì ruò, yuē chí. Lì qiáng zú ruò, yuē

陷。大吏怒而不服，遇敌怼而
xiàn. Dà lì nù ér bù fú, yù dí duì ér

自战，将不知其能，日崩。
zì zhàn, jiàng bù zhī qí néng, yuē bēng.

将弱不严，教道不明，吏卒
Jiàng ruò bù yán, jiào dào bù míng, lì zú

无常，陈兵纵横，日乱。将
wú cháng, chén bīng zòng héng, yuē luàn. Jiàng

不 能 料 敌，以 少 合 众，以 弱
bù néng liào dí, yǐ shǎo hé zhòng, yǐ ruò

击 强，兵 无 选 锋，曰 北。
jī qiáng, bīng wú xuǎn fēng, yuē běi.

　　凡 此 六 者，败 之 道 也，将 之
Fán cǐ liù zhě, bài zhī dào yě, jiàng zhī

至 任，不 可 不 察 也。
zhì rèn, bù kě bù chá yě.

　　夫 地 形 者，兵 之 助 也。料 敌
Fú dì xíng zhě, bīng zhī zhù yě. Liào dí

制 胜，计 险 阨 远 近，上 将
zhì shèng, jì xiǎn è yuǎn jìn, shàng jiàng

之 道 也。知 此 而 用 战 者 必
zhī dào yě. Zhī cǐ ér yòng zhàn zhě bì

胜，不 知 此 而 用 战 者 必 败。
shèng, bù zhī cǐ ér yòng zhàn zhě bì bài.

　　故 战 道 必 胜，主 曰 无 战，
Gù zhàn dào bì shèng, zhǔ yuē wù zhàn,

必 战 可 也。战 道 不 胜，主 曰
bì zhàn kě yě. Zhàn dào bú shèng, zhǔ yuē

必 战，无 战 可 也。故 进 不 求
bì zhàn, wù zhàn kě yě. Gù jìn bù qiú

名，退不避罪，唯民是保，而利
míng, tuì bú bì zuì, wéi mín shì bǎo, ér lì

于主，国之宝也。
yú zhǔ, guó zhī bǎo yě.

视卒如婴儿，故可与之赴
Shì zú rú yīng ér, gù kě yǔ zhī fù

深溪。视卒如爱子，故可与之
shēn xī. Shì zú rú ài zǐ, gù kě yǔ zhī

俱死。厚而不能使，爱而不
jù sǐ. Hòu ér bù néng shǐ, ài ér bù

能令，乱而不能治，譬如骄
néng lìng, luàn ér bù néng zhì, pì rú jiāo

子，不可用也。
zǐ, bù kě yòng yě.

知吾卒之可以击，而不知
Zhī wú zú zhī kě yǐ jī, ér bù zhī

敌之不可击，胜之半也。知敌
dí zhī bù kě jī, shèng zhī bàn yě. Zhī dí

之可击，而不知吾卒之不可
zhī kě jī, ér bù zhī wú zú zhī bù kě

以击，胜之半也。知敌之可
yǐ jī, shèng zhī bàn yě. Zhī dí zhī kě

击，知吾卒之可以击，而不知
jī, zhī wú zú zhī kě yǐ jī, ér bù zhī

地形之不可以战，胜之半
dì xíng zhī bù kě yǐ zhàn, shèng zhī bàn

也。故知兵者，动而不迷，举
yě. Gù zhī bīng zhě, dòng ér bù mí, jǔ

而不穷。故曰：知彼知己，胜
ér bù qióng. Gù yuē: zhī bǐ zhī jǐ, shèng

乃不殆；知地知天，胜乃可
nǎi bú dài; zhī dì zhī tiān, shèng nǎi kě

全。
quán.

Chapter 10

Terrains —— Knowledge of
Heaven and Earth

Master Sun said:

From the tactical point of view, terrains can be divided into the following: Open (*tong*); Hooked (*gua*); Forked (*zhi*); Narrow (*ai*); Dangerous (*xian*) and Distant (*yuan*). Open terrain (*tong*) provides access, free and easy to both sides. Troops which occupy first the high ground with a wide field of vision and have a well-protected supply route would benefit from a decisive battle. Hooked terrain (*gua*) makes entry easier than exit. The enemy can be defeated if caught unprepared. However, if your first strike does not succeed, it might be difficult to withdraw your troops. Forked terrain (*zhi*) makes it disadvantageous for the party which takes the first move. On this kind of ground, do not be lured forward, instead, pretend to withdraw and then attack the enemy when they have left their position. Only in this way can you make the situation advantageous for yourself. On Narrow terrain (*ai*), if you are able to occupy first the strategic pass, seal it off with a strong force and wait for the enemy. If the enemy reach the strategic pass first, do not try to attack it if it is strongly guarded; otherwise, i.e., if it is not yet guarded by a strong force, you may launch an attack. On Dangerous terrain (*xian*) try to be the first to occupy the high ground with a wide field of vision and wait for the enemy. If the enemy should be there first, withdraw your forces and do not attack them. On Distant terrain (*yuan*) the chances of the two sides are even, and it is difficult to seek battle. If really engaged, it could prove disadvantageous.

In the above-mentioned principles regarding the six kinds of terrain lie the heavy responsibilities of the generals. Therefore, it is a must for the commanders to study them carefully.

In military matters there have always been cases of 1) flight; 2) lax discipline; 3) collapse; 4) ruin; 5) confusion; 6) rout. These are not six natural calamities. They are the consequences from the faults of the generals.

Other conditions being equal, a force which fights one against ten is doomed to Flight (*zou*). Lax discipline (*chi*) results from strong men having weak officers. Nevertheless, strong officers leading weak men will result in the Collapse (*xian*) of the army. If officers of intermediate ranks are resentful and disobedient, and challenge the enemy without the consent of the general who himself is not confident of their victory — the entire army may face Ruin (*beng*). If the general is weak and not strict with himself, his orders and obligations are not clear, the duties of officers and men are changing frequently, the formations of the troops are chaotic, the whole army has already been thrown into Confusion (*luan*). When the general is absolutely ignorant of the enemy, directs a small force against a large force; moreover, he has no shock brigades at all, the result will be a complete Route (*bei*).

In the above-mentioned six cases regarding the causes of defeat lie the heavy responsibilities of the generals. Therefore, it is a must for the commanders to study them carefully.

Knowledge of terrain renders help to those who conduct military operations, yet, in order to be a great general, one should acquire the ability to estimate and subdue enemy forces, and to assess correctly the difficulties and dangers ahead. Those who apply these principles in warfare will win; those who conduct military operations without knowing these principles will lose.

If the military posture shows a sure victory, the

general should attack, even if the sovereign had said not to attack. If the military posture shows a sure defeat, the general should not engage in battle, even though the sovereign had given him orders to attack. He orders an attack not because he yearns for vanity; he orders a retreat without fearing a possible reproach. His sole consideration is the welfare of his people and the benefit of his sovereign. Such a general is a rare treasure of the State.

A general who cares for his men as for babies will be followed faithfully through the gravest dangers. A general who cares for his men as for his beloved sons will have their support to the death. But, if the general is over-indulgent and does not know how to exercise authority, or if he simply dotes on his men and is reluctant to command obedience, not daring to bring his troops under control even if a dissension is obvious, his men will be of no use at all, like a throng of spoilt children.

A general who knows the strength of his army but not the strength (weakness) of the enemy has only a fifty percent chance of victory. A general who knows the strength of the enemy but not the strength (weakness) of his own army has also a fifty percent chance of victory. A general who knows the strength of both the enemy forces and his own, but is unaware of the difficulties of the terrain has still a fifty percent chance of victory. A skillful commander is always acute in action while resourceful in strategem. So we say: with a thorough knowledge of the enemy and oneself, victory is assured. With a thorough knowledge of earth and heaven, victory will be complete.

九 地 篇 第 十一
Jiǔ dì piān (Dì shíyī)

孙子 曰: 用 兵 之 法, 有 散
Sūnzǐ yuē: Yòng bīng zhī fǎ, yǒu sǎn

地, 有 轻 地, 有 争 地, 有 交 地,
dì, yǒu qīng dì, yǒu zhēng dì, yǒu jiāo dì,

有 衢 地, 有 重 地, 有 圮 地, 有
yǒu qú dì, yǒu zhòng dì, yǒu pǐ dì, yǒu

围 地, 有 死 地。诸 侯 自 战 其
wéi dì, yǒu sǐ dì。 Zhū hóu zì zhàn qí

地, 为 散 地。入 人 之 地 而 不 深
dì, wéi sǎn dì。 Rù rén zhī dì ér bù shēn

者, 为 轻 地。我 得 则 利, 彼 得 亦
zhě, wéi qīng dì。 Wǒ dé zé lì, bǐ dé yì

利 者, 为 争 地。我 可 以 往, 彼
lì zhě, wéi zhēng dì。 Wǒ kě yǐ wǎng, bǐ

可 以 来 者, 为 交 地。诸 侯 之 地
kě yǐ lái zhě, wéi jiāo dì。 Zhū hóu zhī dì

三 属, 先 至 而 得 天 下 之 众
sān zhǔ, xiān zhì ér dé tiān xià zhī zhòng

者，为衢地。入人之地深，背
zhě, wéi qú dì. Rù rén zhī dì shēn, bèi

城邑多者，为重地。行山
chéng yì duō zhě, wéi zhòng dì. Xíng shān

林、险阻、沮泽，凡难行之道
lín、xiǎn zǔ、jù zé, fán nán xíng zhī dào

者，为圮地。所由入者隘，所
zhě, wéi pǐ dì. Suǒ yóu rù zhě ài, suǒ

从归者迂，彼寡可以击吾之
cóng guī zhě yū, bǐ guǎ kě yǐ jī wú zhī

众者，为围地。疾战则存，不
zhòng zhě, wéi wéi dì. Jí zhàn zé cún, bù

疾战则亡者，为死地。
jí zhàn zé wáng zhě, wéi sǐ dì.

是故散地则无战，轻地则
Shì gù sǎn dì zé wù zhàn, qīng dì zé

无止，争地则无攻，交地则
wù zhǐ, zhēng dì zé wù gōng, jiāo dì zé

无绝，衢地则合交，重地则
wù jué, qú dì zé hé jiāo, zhòng dì zé

掠，圮地则行，围地则谋，死地
lüè, pǐ dì zé xíng, wéi dì zé móu, sǐ dì

则 战。
zé zhàn.

古 之 善 用 兵 者, 能 使 敌
Gǔ zhī shàn yòng bīng zhě, néng shǐ dí

人 前 后 不 相 及, 众 寡 不 相
rén qián hòu bù xiāng jí, zhòng guǎ bù xiāng

恃, 贵 贱 不 相 救, 上 下 不 相
shì, guì jiàn bù xiāng jiù, shàng xià bù xiāng

收; 卒 离 而 不 集, 兵 合 而 不
shōu; zú lí ér bù jí, bīng hé ér bù

齐。合 于 利 而 动, 不 合 于 利 而
qí. Hé yú lì ér dòng, bù hé yú lì ér

止。
zhǐ.

敢 问, 敌 众 整 而 将 来, 待
Gǎn wèn, dí zhòng zhěng ér jiāng lái, dài

之 若 何? 曰, 先 夺 其 所 爱, 则
zhī ruò hé? Yuē, xiān duó qí suǒ ài, zé

听 矣。
tīng yǐ.

兵 之 情 主 速, 乘 人 之 不
Bīng zhī qíng zhǔ sù, chéng rén zhī bù

104

及，由不虞之道，攻其所不戒
jí, yóu bù yú zhī dào, gōng qí suǒ bú jiè

也。
yě.

凡为客之道，深入则专，
Fán wéi kè zhī dào, shēn rù zé zhuān,

主人不克。掠于饶野，三军足
zhǔ rén bú kè. Lüè yú ráo yě, sān jūn zú

食。谨养而勿劳，并气积力，
shí. Jǐn yǎng ér wù láo, bìng qì jī lì,

运兵计谋，为不可测，投之无
yùn bīng jì móu, wéi bù kě cè, tóu zhī wú

所往，死且不北，死焉不得，
suǒ wǎng, sǐ qiě bù běi, sǐ yān bù dé,

士人尽力。兵士甚陷则不
shì rén jìn lì. Bīng shì shèn xiàn zé bú

惧，无所往则固，入深则拘，
jù, wú suǒ wǎng zé gù, rù shēn zé jū,

不得已则斗。是故其兵不修
bù dé yǐ zé dòu. Shì gù qí bīng bù xiū

而戒，不求而得，不约而亲，不
ér jiè, bù qiú ér dé, bù yuē ér qīn, bú

令而信。禁祥去疑，至死无所
lìng ér xìn. Jìn xiáng qù yí, zhì sǐ wú suǒ

之。吾士无余财，非恶货也；无
zhī. Wú shì wú yú cái, fēi wù huò yě; wú

余命，非恶寿也。令发之日，
yú mìng, fēi wù shòu yě. Lìng fā zhī rì,

士坐者涕沾襟，偃卧者，涕交
shì zuò zhě tì zhān jīn, yǎn wò zhě, tì jiāo

颐，投之无所往，诸、刿之勇
yí, tóu zhī wú suǒ wǎng, Zhū、Guì zhī yǒng

也。
yě.

故善用军者，譬如率然。
Gù shàn yòng jūn zhě, pì rú Shuàirán.

率然者，常山之蛇也，击其
Shuàirán zhě, Cháng shān zhī shé yě, jī qí

首则尾至，击其尾则首至，击
shǒu zé wěi zhì, jī qí wěi zé shǒu zhì, jī

其中身则首尾俱至。敢问：
qí zhōng shēn zé shǒu wěi jù zhì. Gǎn wèn:

"兵可使如率然乎?" 曰："可。"
"Bīng kě shǐ rú Shuàirán hū?" Yuē: "kě."

夫 吴 人 与 越 人 相 恶 也， 当 其
Fú Wú rén yǔ Yuè rén xiāng wù yé, dāng qí

同 舟 而 济， 遇 风， 其 相 救 也，
tóng zhōu ér jì, yù fēng, qí xiāng jiù yě,

如 左 右 手。 是 故 方 马 埋 轮， 未
rú zuǒ yòu shǒu. Shì gù fāng mǎ mái lún, wèi

足 恃 也； 齐 通 若 一， 政 之 道
zú shì yě; qí tōng ruò yī, zhèng zhī dào

也； 刚 柔 皆 得， 地 之 理 也。 故
yě; gāng róu jiē dé, dì zhī lǐ yě. Gù

善 用 兵 者， 携 手 若 使 一 人，
shàn yòng bīng zhě, xié shǒu ruò shǐ yī rén,

不 得 已 也。
bù dé yǐ yě.

将 军 之 事， 静 以 幽， 正 以
Jiàng jūn zhī shì, jìng yǐ yōu, zhèng yǐ

治。 能 愚 士 卒 之 耳 目， 使 之 无
zhì. Néng yú shì zú zhī ěr mù, shǐ zhī wú

知。 易 其 事， 革 其 谋， 使 人 无
zhī. Yì qí shì, gé qí móu, shǐ rén wú

识。 易 其 居， 迂 其 途， 使 人 不 得
shí. Yì qí jū, yū qí tú, shǐ rén bù dé

107

虑。帅 与 之 期，如 登 高 而 去
lǜ. Shuài yǔ zhī qī, rú dēng gāo ér qù

其 梯；帅 与 之 深 入 诸 侯 之
qí tī; shuài yǔ zhī shēn rù zhū hóu zhī

地，而 发 其 机，若 驱 群 羊：驱 而
dì, ér fā qí jī, ruò qū qún yáng: qū ér

往，驱 而 来，莫 知 所 之。聚 三
wǎng, qū ér lái, mò zhī suǒ zhī. Jù sān

军 之 众，投 之 于 险，此 谓 将
jūn zhī zhòng, tóu zhī yú xiǎn, cǐ wèi jiàng

军 之 事 也。九 地 之 变，屈 伸 之
jūn zhī shì yě. Jiǔ dì zhī biàn, qū shēn zhī

利，人 情 之 理，不 可 不 察。
lì, rén qíng zhī lǐ, bù kě bù chá.

凡 为 客 之 道，深 则 专，浅
Fán wéi kè zhī dào, shēn zé zhuān, qiǎn

则 散。去 国 越 境 而 师 者，绝 地
zé sàn. Qù guó yuè jìng ér shī zhě, jué dì

也；四 彻 者，衢 地 也；入 深 者，
yě; sì chè zhě, qú dì yě; rù shēn zhě,

重 地 也；入 浅 者，轻 地 也；背
zhòng dì yě; rù qiǎn zhě, qīng dì yě; bèi

固 前 隘 者，围 地 也；倍 固 前 敌
gù qián ài zhě, wéi dì yě; bèi gù qián dí

者，死 地 也；无 所 往 者，穷 地
zhě, sǐ dì yě; wú suǒ wǎng zhě, qióng dì

也。是 故 散 地，吾 将 一 其 志；
yě. Shì gù sǎn dì, wú jiāng yī qí zhì;

轻 地，吾 将 使 之 属；争 地，吾
qīng dì, wú jiāng shǐ zhī zhǔ; zhēng dì, wú

将 趋 其 后；交 地，吾 将 谨 其
jiāng qū qí hòu; jiāo dì, wú jiāng jǐn qí

守；衢 地，吾 将 固 其 结；重
shǒu; qú dì, wú jiāng gù qí jié; zhòng

地，吾 将 继 其 食；圮 地，吾 将
dì, wú jiāng jì qí shí; pǐ dì, wú jiāng

进 其 涂；围 地，吾 将 塞 其 阙；
jìn qí tú; wéi dì, wú jiāng sè qí quē;

死 地，吾 将 示 之 以 不 活。故 兵
sǐ dì, wú jiāng shì zhī yǐ bù huó. Gù bīng

之 情，围 则 御，不 得 已 则 斗，过
zhī qíng, wéi zé yù, bù dé yǐ zé dòu, guò

则 从。
zé cóng.

是故不知诸侯之谋者，不
Shì gù bù zhī zhū hóu zhī móu zhě, bù

能预交。不知山林、险阻、沮
néng yù jiāo. Bù zhī shān lín、xiǎn zǔ、jù

泽之形者，不能行军。不用
zé zhī xíng zhě, bù néng xíng jūn. Bú yòng

乡导者，不能得地利。此三
xiāng dǎo zhě, bù néng dé dì lì. Cǐ sān

者一不知，非霸王之兵也。
zhě yī bù zhī, fēi bà wáng zhī bīng yě.

夫霸王之兵，伐大国，则其
Fú bà wáng zhī bīng, fá dà guó, zé qí

众不得聚；威加于敌，则其
zhòng bù dé jù; wēi jiā yú dí, zé qí

交不得合。是故不争天下之
jiāo bù dé hé. Shì gù bù zhēng tiān xià zhī

交，不养天下之权，信己之
jiāo, bù yǎng tiān xià zhī quán, xìn jǐ zhī

私，威加于敌，故其国可拔，其
sī, wēi jiā yú dí, gù qí guó kě bá, qí

城可隳。施无法之赏，悬无
chéng kě huī. Shī wú fǎ zhī shǎng, xuán wú

政 之 令，犯 三 军 之 众，若 使
zhèng zhī lìng, fàn sān jūn zhī zhòng, ruò shǐ

一 人。犯 之 以 事，勿 告 以 言；犯
yī rén. Fàn zhī yǐ shì, wù gào yǐ yán; fàn

之 以 利，勿 告 以 害。投 之 亡 地
zhī yǐ lì, wù gào yǐ hài. Tóu zhī wáng dì

然 后 存，陷 之 死 地 然 后 生。
rán hòu cún, xiàn zhī sǐ dì rán hòu shēng.

夫 众 陷 于 害，然 后 能 为 胜
Fú zhòng xiàn yú hài, rán hòu néng wéi shèng

败。
bài.

　　故 为 兵 之 事，在 于 顺 详 敌
　　Gù wéi bīng zhī shì, zài yú shùn yáng dí

之 意，并 敌 一 向，千 里 杀 将，
zhī yì, bìng dí yī xiàng, qiān lǐ shā jiàng,

此 谓 巧 能 成 事 者 也。
cǐ wèi qiǎo néng chéng shì zhě yě.

　　是 故 政 举 之 日，夷 关 折
　　Shì gù zhèng jǔ zhī rì, yí guān zhé

符，无 通 其 使，厉 于 廊 庙 之
fú, wù tōng qí shǐ, lì yú láng miào zhī

111

上，以诛其事。敌人开阖，必
shàng, yǐ zhū qí shì. Dí rén kāi hé, bì

亟入之。先其所爱，微与之
jí rù zhī. Xiān qí suǒ ài, wēi yǔ zhī

期。践墨随敌，以决战事。是
qī. Jiàn mò suí dí, yǐ jué zhàn shì. Shì

故始如处女，敌人开户，后如
gù shǐ rú chǔ nǚ, dí rén kāi hù, hòu rú

脱兔，敌不及拒。
tuō tù, dí bù jí jù.

Chapter 11

Nine Positions

Master Sun said:

From the strategic point of view, positions (or: lands, regions) can be divided into the following: Disruptive (*sandi*); Facile (*qingdi*); Critical (*zhengdi*); Crossing (*jiaodi*); Commanding (*qudi*); Serious (*zhongdi*); Difficult (*pidi*); Beleaguered (*weidi*); Desperate (*sidi*). The battlefield region which lies within the ruler's own territory is known as a *sandi* (Disruptive land). The battlefield region which though lies within the enemy territory but has not developed yet in depth is known as a *qingdi* (Facile land). The region which proves advantageous for either side to possess is known as a *zhengdi* (Critical land). A region which is equally accessible to both sides is known as a *jiaodi* (Crossing land). The region where three States meet, and the one who captures it first may win support from the other States, is known as a *qudi* (Commanding position or land). If the ruler has carried the fighting deep into hostile state and left in his rear quite a few walled cities, he is in a *zhongdi* (Serious land or position). If the fighting takes place in mountainous forests, dangerous passes, marsh area or other difficult terrain, the troops are driven into a *pi-di* (Difficult region or position). The region which is accessible only by narrow paths and is difficult for retreat, on the other hand, can be guarded easily by a small force against a large force, is known as a *weidi* (Beleaguered land). The region which provides chance of survival in swift fighting, otherwise, only unavoidable death, is known as a *sidi* (Desperate land or position).

In a *sandi* (Disruptive region) do not throw your troops into the battle. In a *qingdi* (Facile land) do not make even a brief stop. In a *zhengdi* (Critical position or region) do not make rash attacks. In a *jiaodi* (Crossing land) keep your communication lines intact. In a *qudi* (Commanding position) use diplomacy to form strong ties with your allies. In a *zhongdi* (Serious land) do not hesitate to loot. In a *pidi* (Difficult land), advance forward. In a *weidi* (Beleaguered land) rely on strategem. In a *sidi* (Desperate land), fight to the death.

In ancient times, the skillful generals were always good at preventing their opponents from uniting, coordinating, reinforcing or rallying their forces.

114

They prevent the enemy forces from reuniting, once scattered. They create disorder, once the enemy try to regroup their troops. In any case, take action only when it is advantageous to do so. Otherwise, stop taking any action.

"What shall we do if a large and well-organized army invades?" My answer is: Seize whatever the enemy treasure most and they will be at my mercy.

In warfare, speed is essential. You must move faster than the enemy, appear where unexpected and attack when they are unprepared.

The principles which you should follow as intruders are: the deeper you penetrate, the more united your forces become and consequently, the more difficult it becomes for the host forces to defeat you. Forage for food in fertile fields and you can provide your army with enough provisions. Conserve your army's strength, relieve the men of unnecessary toil, store their energy; deploy your troops and make strategic plans. Hide all these from the enemy. When your army is placed in a position from which there is no escape, the men will prefer death to defeat. Officers and men, defying death, will do their utmost. Desperate men lose all fear of death. Men conscious of the inevitable will stand firm. Troops deep in hostile states will not remain idle but fight stubbornly. Men aware that they cannot afford to stop and will fight all the harder. Under these circumstances the men become alert without a handsome reward; they carry out willingly their duties without being pressed; they become loyal without being restrained, obedient and trustworthy without resorting to disciplinary measures. Forbid superstitious activities and free the men from doubts and misgivings, and they will prefer death to desertion. My men are not rich, it does not mean that they hate wealth; they are not afraid of death, it does not mean that they hate longevity. Upon being ordered into battle, the front pieces of the jackets of those who are sitting would be tear-stained while the faces of those lying on the ground would be bathed in tears. Yet, when they find no other way out, they will be as brave as Zhuan Zhu and Cao Mo (names of two famous ancient warriors).

A skillful general in commanding an army acts with speed and coordination. The entire army moves like the snake *Shuairan* in Mt. Hengshan in Shanxi Province. When hit in the head, it attacks with its tail; when hit in the tail, it attacks with its head; when hit in the middle, it attacks with both head and tail. Can an army act like *Shuairan* the snake? My answer is: "Yes." The people of the State of Wu and the people of the State of Yue had long been hostile to each other, yet, if they happen to be in the same boat in a storm, they would have helped each other just as if one were the left hand and the other were the right hand. Therefore, it is not trustworthy in keeping the war horses abreast or burying the wheels of all the chariots for maintaining stability of the army. It is necessary to enforce strict discipline to make the whole army act in unison. It is necessary to adapt to the terrain so that the army men, both strong and weak, might have the greatest advantage in all circumstances. So, a skillful general is able to force his men obey him as if he led them by the hand.

An army commander must remain calm and inscrutable, upright and strict. He should keep the army in ignorance of his plans, even by deception, if necessary, and frequently alter his tactics or change his plans so that no one can be sure of his intentions. No one can anticipate his movements because he often changes the camp sites or routes unexpectedly. He makes promises so that his men go into action as though ascending by a ladder, then he kicks away the ladder once his men have already ascended by it. He leads his troops deep into enemy territory like a triggered crossbow. He is like a shepherd driving his flock hither and thither. He is the only one who knows where they are going. The duty of the general lies in leading when there are dangers ahead, and be victorious in spite of these dangers. He should understand thoroughly the appropriate measures to be taken in dealing with the nine kinds of positions (or: lands, regions). He should assess correctly the balance of offence and defence. He must take into account the human factors in military actions.

As I have already said, the principles which you should follow as intruders are: the deeper you penetrate, the more united your forces become. Otherwise, if an invading army is stopped too near the boundary, dissension is likely to appear among the army men. When an army leaves its State and fights across the border, it is in a *juedi* (Isolated region). It could be a *qudi* (Commanding region), if the communications are good; a *zhongdi* (Serious region), if penetrated deep into enemy territory; a *qingdi* (Facile region), if penetrated not so far; a *weidi* (Beleaguered land), if the front outlet is narrow but the retreat is difficult; a *sidi* (Desperate region), if the enemy stronghold is ahead but the retreat is difficult; a *qiongdi* (Impasse), if you cannot find a way out. In such case, I would seek unity of thinking in *sandi*; keep the troops in close contact in *qingdi*; rush forward and turn to the enemy's rear in *zhengdi*; strengthen my own defences in *jiaodi*; tighten my ties with the allies in *qudi*; replenish my food supply in *zhongdi*; order a rapid march in *pidi*; throw my men into the breach in *weidi*; make clear to my soldiers that everyone should be ready to fight to the death in *sidi*. In military matters the case is, if encircled, soldiers will defend themselves; if pressed hard, they will fight; if cornered, they will obey orders.

Do not enter into an alliance with any other State sovereign before you know well his plans. Do not engage in battle before you are fully aware of the layout of the land — its mountains, forests, passes, lakes, marsh land, and so forth. You cannot take full advantage of the terrain if you do not employ guides. If a ruler fails to grasp even one of these three principles, he will not be a powerful chief of the princes. A powerful chief of the princes takes his strong neighbours by such a surprise that they could not even mobilize their people and armies. He terrorizes them with his military forces so that they dare not to join forces with their allies. He is not in a hurry to make alliance with every possible State, and he does not want to let any one State to become unduly powerful in the Empire. He tries his best to win the confidence of those who can serve his purpose and also inspire fear in the hearts and minds of his enemies. As a result, he is able to capture enemy capitals or destroy their walled cities. In granting rewards, he never follows the old routines; in assigning tasks, he breaks with all conventions. He commands an army as if he commands only a single man. He gives orders without explaining his plans. He shows his men how to gain a certain objective without informing them of possible dangers. If an army finds itself in a desperate position it will struggle to survive. When threatened with death men will fight hard for their lives. Only when the troops are beset with dangers will they exert their utmost strength to turn defeat into victory.

In conducting military operations you should turn enemy's trick against themselves, and make a concentrated attack. Thus, you can defeat the main force of the enemy, no matter how distant they might be. As the saying goes: a clever move decides the battle.

If the waging of a war is decided, close your border passes, cancel the border permits. No enemy envoys should be allowed to enter. Hold secret meetings in the temple and make strategic decisions. Whenever there is a chance of learning enemy's information leak, seize it at once. Forestall the enemy by seizing first whatever they treasure most, yet do not hurry with the decisive battles. Change your tactics and vary your plans according to the circumstances and the enemy. At the beginning, keep silent and cool-headed as a young maiden. After the enemy have been enticed into combat, move as swiftly as a hare to catch them before they could resist.

用 间 篇 第 十 二
Yòng jiàn piān (Dì shí'èr)

孙 子 曰：凡 兴 师 十 万，出 征
Sūnzǐ yuē: Fán xīng shī shí wàn, chū zhēng

千 里，百 姓 之 费，公 家 之 奉，
qiān lǐ, bǎi xìng zhī fèi, gōng jiā zhī fèng,

日 费 千 金，内 外 骚 动，怠 于
rì fèi qiān jīn, nèi wài sāo dòng, dài yú

道 路 不 得 操 事 者 七 十 万 家。
dào lù bù dé cāo shì zhě qī shí wàn jiā.

相 守 数 年，以 争 一 日 之
Xiāng shǒu shù nián, yǐ zhēng yī rì zhī

胜，而 爱 爵 禄 金 宝，不 知 敌 之
shèng, ér ài jué lù jīn bǎo, bù zhī dí zhī

情 者，不 仁 之 至 也，非 人 之 将
qíng zhě, bù rén zhī zhì yě, fēi rén zhī jiàng

也，非 主 之 佐 也，非 胜 之 主
yě, fēi zhǔ zhī zuǒ yě, fēi shèng zhī zhǔ

也。故明君贤将，所以动而
yě. Gù míng jūn xián jiàng, suǒ yǐ dòng ér

胜人，成功出于众者，先
shèng rén, chéng gōng chū yú zhòng zhě, xiān

知也。先知者，不可取于鬼
zhī yě. Xiān zhī zhě, bù kě qǔ yú guǐ

神，不可象于事，不可验于
shén, bù kě xiàng yú shì, bù kě yàn yú

度，必取于人——知敌之情者
dù, bì qǔ yú rén —— zhī dí zhī qíng zhě

也。
yě.

　　故用间有五：有因间，有内
　　Gù yòng jiàn yǒu wǔ: yǒu yīn jiàn, yǒu nèi

间，有反间，有死间，有生间。
jiàn, yǒu fǎn jiàn, yǒu sǐ jiàn, yǒu shēng jiàn.

五间俱起，莫知其道，是谓神
Wǔ jiàn jù qǐ, mò zhī qí dào, shì wèi shén

纪，人君之宝也。因间者，因其
jì, rén jūn zhī bǎo yě. Yīn jiàn zhě, yīn qí

乡人而用之。内间者，因其
xiāng rén ér yòng zhī. Nèi jiàn zhě, yīn qí

官人而用之。反间者，因其
敌间而用之。死间者，为诳
事于外，令吾间知之，而传于
敌间也。生间者，反报也。

故三军之亲，莫亲于间，
赏莫厚于间，事莫密于间。非
圣智不能用间，非仁义不
能使间，非微妙不能得间
之实。微哉微哉！无所不用间
也。间事未发，而先闻者，间
与所告者皆死。

124

凡军之所欲击，城之所欲
Fán jūn zhī suǒ yù jī, chéng zhī suǒ yù

攻，人之所欲杀，必先知其
gōng, rén zhī suǒ yù shā, bì xiān zhī qí

守将、左右、谒者、门者、舍人
shǒu jiàng、zuǒ yòu、yè zhě、mén zhě、shè rén

之姓名，令吾间必索知之。
zhī xìng míng, lìng wú jiàn bì suǒ zhī zhī.

必索敌人之间来间我者，
Bì suǒ dí rén zhī jiàn lái jiàn wǒ zhě,

因而利之，导而舍之，故反间
yīn ér lì zhī, dǎo ér shě zhī, gù fǎn jiàn

可得而用也。因是而知之，故
kě dé ér yòng yě. Yīn shì ér zhī zhī, gù

乡间、内间可得而使也。因是
xiāng jiàn、nèi jiàn kě dé ér shǐ yě. Yīn shì

而知之，故死间为诳事可使
ér zhī zhī, gù sǐ jiàn wéi kuáng shì kě shǐ

告敌。因是而知之，故生间
gào dí. Yīn shì ér zhī zhī, gù shēng jiàn

可使如期。五间之事，主必知
kě shǐ rú qī. Wǔ jiàn zhī shì, zhǔ bì zhī

125

之，知之必在于反间，故反间
zhī, zhī zhī bì zài yú fǎn jiàn, gù fǎn jiàn

不可不厚也。
bù kě bú hòu yě.

昔殷之兴也，伊挚在夏；周
Xī Yīn zhī xīng yě, Yī Zhì zài Xià; Zhōu

之兴也，吕牙在殷。故惟明君
zhī xīng yě, Lǚyá zài Yīn. Gù wéi míng jūn

贤将能以上智为间者，必
xián jiàng néng yǐ shàng zhì wéi jiàn zhě, bì

成大功。此兵之要，三军之
chéng dà gōng. Cǐ bīng zhī yào, sān jūn zhī

所恃而动也。
suǒ shì ér dòng yě.

Chapter 12[*]

Reconnaissance

Master Sun said:

In raising an army of one hundred thousand men and campaigning over a distance of one thousand *li* , a large amount of money may be spent each day. It is a very heavy burden to the government as well as to the people. People's life is disrupted. Farmhands quit their land and toil on the road. As many as seven hundred thousand families may find it impossible to pursue their ordinary occupations. It is possible to secure a victory only after several years of painstaking confrontations. If a military leader is reluctant to confer higher ranks of nobility or grant cosiderable rewards in order to buy information from the spies or conduct necessary reconnaissance, he is too cruel to his people and men. He cannot be a good general, and is not a good assistant to his sovereign. He is not a winner at all. A wise ruler or a good general can win victories and achieve outstanding successes, because they have

---

[*] Usually, this is considered the last chapter of the book by Sun Wu, commonly known as 《孙子》 or 《孙子兵法》, but according to the bamboo slips unearthed in 1972 in Mt. Yinqueshan, this chapter comes before the last one Fire Attack 《火攻篇》.

the advance information well in hand. You do not obtain such information by offering prayers to the gods and spirits, through analogy or guesswork, or by calculating the motions of the stars. You get them only from those people who have a thorough knowledge of the enemy.

There are five different forms in espionage work: *yinjian* — local agents; *neijian* — planted agents; *fanjian* — converted agents; *sijian* — dare-to-die agents; *shengjian* — messenger agents. If all five kinds of agents are employed, and the enemy cannot find out the patterns of their activities, then a magical power could be produced which is surely an incomparable treasure of the ruler. **Local agents** are recruited from among the inhabitants of the enemy-controlled regions; **planted agents** — from among the officials of the enemy; **converted agents** — from those whom the enemy have sent to do espionage work. **Dare-to-die** agents supply deliberately false information to the enemy spies. **Messenger agents** are sent on a certain mission, but their main task is to come back alive with useful information.

No one in the army deserves a closer attention, higher rewards or deeper secrecy than the agents. Only the wise ones know how to make proper use of the secret agents. Only the benevolent ones can choose the right men to do this work. Only the keen-witted and clever persons can get true information. How wonderful it is! Espionage is omnipresent: it stops at noth-

128

ing; it is active practically everywhere. If anyone reports the plan of a secret agent before it has been carried out, both the informant and the agent should be put to death.

In order to attack an army, storm a walled city or assassinate an official, you must find out first the names of the garrison commanders, their assistants, liaison officers, the servants and even the porters. Your secret agents have to provide the information.

It is necessary to uncover enemy spies within your own ranks, treat them generously, bribe them, give them due instructions and then release them. These converted agents may work well against those who had sent them in. With the help of such converted agents one can recruit the local agents and plant stool pigeons (*neijian*, or **Planted agents**). The dare-to-die agents may then pass on false information. In cooperation with the converted agents, the messenger agents are able to come back with necessary information without delay. The person in charge of the reconnaissance work should know the work of all these five different kinds of agents. The surest way to obtain information is through converted agents, and so these agents should be treated with special generosity.

The Yin (Shang) Dynasty (17th century B. C.) rose to power because of Yi Zhi (Yi Ying), then an official of the Xia Dynasty (21st century B. C. — 17th century B. C.) which was replaced by Yin; and the Zhou Dynasty (11th century B. C. — 256 B. C.)

rose to power because of Lü Ya (Jiang-taigong), then an official of the Yin Dynasty, which was replaced by Zhou Dynasty. Therefore, a wise ruler or a virtuous general will surely make outstanding achievements if they employ men of the highest IQ as secret agents. This is a very important step in waging a war, for their information determine the actions of the whole army.

火 攻 篇 第 十 三
Huǒ gōng piān (Dì shísān)

孙 子 曰：凡 火 攻 有 五，一 曰
Sūnzǐ yuē: Fán huǒ gōng yǒu wǔ, yī yuē

火 人，二 曰 火 积，三 曰 火 辎，四
huǒ rén, èr yuē huǒ jī, sān yuē huǒ zī, sì

曰 火 库，五 曰 火 队。行 火 必 有
yuē huǒ kù, wǔ yuē huǒ suì. Xíng huǒ bì yǒu

因，烟 火 必 素 具。发 火 有 时，起
yīn, yān huǒ bì sù jù. Fā huǒ yǒu shí, qǐ

火 有 日。时 者，天 之 燥 也。日
huǒ yǒu rì. Shí zhě, tiān zhī zào yě. Rì

者，月 在 箕、壁、翼、轸 也。凡 此
zhě, yuè zài jī, bì, yì, zhěn yě. Fán cǐ

四 宿 者，风 起 之 日 也。
sì xiù zhě, fēng qǐ zhī rì yě.

凡 火 攻，必 因 五 火 之 变 而
Fán huǒ gōng, bì yīn wǔ huǒ zhī biàn ér

应 之。火 发 于 内，则 早 应 之 于
yìng zhī. Huǒ fā yú nèi, zé zǎo yìng zhī yú

外。火 发，其 兵 静 者，待 而 勿
wài. Huǒ fā, qí bīng jìng zhě, dài ér wù

攻，极 其 火 力，可 从 而 从 之，
gōng, jí qí huǒ lì, kě cóng ér cóng zhī,

不 可 从 而 止。火 可 发 于 外，无
bù kě cóng ér zhǐ. Huǒ kě fā yú wài, wù

待 于 内，以 时 发 之。火 发 上
dài yú nèi, yǐ shí fā zhī. Huǒ fā shàng

风，无 攻 下 风。昼 风 久，夜
fēng, wù gōng xià fēng. Zhòu fēng jiǔ, yè

风 止。凡 军 必 知 有 五 火 之 变，
fēng zhǐ. Fán jūn bì zhī yǒu wǔ huǒ zhī biàn,

以 数 守 之。故 以 火 佐 攻 者
yǐ shù shǒu zhī. Gù yǐ huǒ zuǒ gōng zhě

明，以 水 佐 攻 者 强。水 可 以
míng, yǐ shuǐ zuǒ gōng zhé qiáng. Shuǐ kě yǐ

绝，不 可 以 夺。
jué, bù kě yǐ duó.

*　　*　　*　　*

夫 战、 胜、 攻、 取 而 不 修 其
Fú zhàn、 shèng、 gōng、 qǔ ér bù xiū qí

功 者 凶, 命 曰 费 留。 故 曰,
gōng zhě xiōng, mìng yuē fèi liú. Gù yuē,

明 主 虑 之, 良 将 修 之。非 利
míng zhǔ lǜ zhī, liáng jiàng xiū zhī. Fēi lì

不 动, 非 得 不 用, 非 危 不 战。
bú dòng, fēi dé bú yòng, fēi wēi bú zhàn.

主 不 可 以 怒 而 兴 军, 将 不 可
Zhǔ bù kě yǐ nù ér xīng jūn, jiàng bù kě

以 愠 而 致 战。合 于 利 而 动, 不
yǐ yùn ér zhì zhàn. Hé yú lì ér dòng, bù

合 于 利 而 止。怒 可 复 喜, 愠 可
hé yú lì ér zhǐ. Nù kě fù xǐ, yùn kě

复 说。亡 国 不 可 以 复 存, 死 者
fù yuè. Wáng guó bù kě yǐ fù cún, sǐ zhě

不 可 以 复 生。故 明 主 慎 之,
bù kě yǐ fù shēng. Gù míng zhǔ shèn zhī,

良 将 警 之, 此 安 国 全 军 之
liáng jiàng jǐng zhī, cǐ ān guó quán jūn zhī

道 也。
dào yě.

Chapter 13[*]

Fire Attack

Master Sun said:

Attacking with fire usually includes the following five tactics: burning effective strength; burning army provisions; burning baggages; burning arsenals and cutting supply routes by fire. To launch fire attack one should have certain conditions as well as incendiary materials. The dry season is the best time of fire attack and the best days to start a fire are when there is a strong wind caused by the moon passing by the Four Stars (*ji* — dustpan; *bi* — wall; *yi* — wing; *zhen* — chariot, carriage).

In dealing with complicated situations, the alternate use of the five tactics is necessary: attack as soon

---

[*] According to the bamboo slips unearthed in 1972 in Mt. Yinqueshan, Fire Attack 《火攻篇》 was the last chapter of the book by Sunzi, coming after the chapter Reconnaissance 《用间篇》. It looks reasonable. The last paragraph of this chapter sounds like a conclusion of the author — Master Sun Wu. So I put the word CONCLUSION at the beginning of the last paragraph of the last chapter.

－－Z. Q. May 15, 1989.

as the fire has taken hold of the enemy camp from within. In case the enemy troops remain calm and undisturbed, do not hurry with rash attacks, wait till the fire has burned out, then decide: attack, if possible; withdraw, if necessary. If it is possible to start a fire outside the enemy camps, do not wait for a chance to start from within. What counts is the right timing. Once fire was started from windward, do not attack on the leeward. A wind which blows long in the daytime stops at night. The army men should know the above-mentioned five tactics, besides, they should also know the exact degrees of the Four Stars. The effect of fire attack is evident, while the strength of water attack is great. In using water attacks you may break up the enemy troops, but you cannot seize their properties.

—— Conclusion ——

You wage a war, you strive for victory; you storm the enemy cities for certain advantages, yet, you happen to fail in this undertaking. This would prove calamitous. People call such undertakings "*fei liu*", in other words, your effort is like the flowing water — it is gone forever. Keeping this in mind, a wise ruler should think carefully before starting a war, and a good general should make serious studies before taking any military action. Do not start a war

135

unless there is some definite advantage to be gained; unless you are fully confident of victory; unless your state is in danger. A ruler should not start a war out of anger, and a general should not engage in battle because of indignation. Militar should stop using these forces once it proves disadvantageous to the State. A displeased person may become pleased, an unhappy man may become happy again, but a State, once destroyed, cannot be restored and a man killed can not be brought back to life. Therefore, a wise ruler should give a careful consideration before starting a war, and a good general should maintain sharp vigilance in conducting a war. This is the way to ensure peace and tranquility for the State and preserve military strength of the armed forces.

附：汉语拼音方案、威妥玛式、
国际音标　对照表
（兼注：英语近似音）

A Conversion Table of
Chinese Phonetic Alphabet, Wade-Giles
and International Phonetic Alphabet
(with Approximate English sounds)

Chinese Phonetic Alphabet (CPA)	Wade – Giles	International Phonetic Alphabet (IPA)	Approximate English sounds
a	a	[a]	f ather
b	p	[p]	body (de-voiced)
c	ts'	[ts']	sta tesman (de-voiced)
ch	ch'	[tʂ']	coa ch
chi	ch'ih	[tʂ'ɿ]	coa ch (prolonged)
ci	tz'ǔ	[ts'ɿ]	sta tesman (prolonged)
d	t	[t]	dirty (de-voiced)
e	e	[ɤ]	h er
ê	– –	[ɛ]	air
er	êrh	[ər]	occ ur
ei	ei	[ei]	eight
en	ên	[ən]	m onth
eng	êng	[əŋ]	fishm onger
f	f	[f]	follow
g	k	[k]	govern (de-voiced)
h	h	[x]	her
i	i	[i]	eel
ia	ia	[ia]	Virgin ia
ie	ieh	[iɛ]	yes
iao	iao	[iau]	yowl
iu	iu	[iou]	you
ian	ien	[iɛn]	YEN (Japanese)
in	in	[in]	into
iang	iang	[iɑŋ]	young
ing	ing	[iŋ]	k ing
iong	iung	[iuŋ]	junger (German)
j	ch	[tɕ]	jeep
ji	chi	[tɕi]	jeep

138

Chinese Phonetic Alphabet (CPA)	Wade–Giles	International Phonetic Alphabet (IPA)	Approximate English sounds
ju (= jü)	chü	[tɕy]	Jew
k	k'	[k']	kerchief
l	l	[l]	luck
m	m	[m]	mock
n	n	[n]	nut
– ng	– ng	[– ŋ]	ki ng
o	o	[o]	l aw
– ong	– ung	[uŋ]	L unge (German)
p	p'	[p']	pot
q	ch'	[tɕ']	cheek
qi	ch'i	[tɕ'i]	cheek
qu (= qü)	ch'ü	[tɕ'y]	chew
r	j	[ʐ]	plea sure
ri	jih	[ʐɭ]	plea sure (prolonged)
s	s	[s]	sir
sh	sh	[ʂ]	wa sh
shi	shih	[ʂɭ]	wa sh (prolonged)
si	ssǔ, szǔ	[sl]	mi ss
t	t'	[t']	tough
u	u	[u]	f ood
ua	ua	[ua]	madem oiselle
uo	uo	[uo]	walk
uai	uai	[·uai]	wide
ui	ui	[uei]	q uake
uan	uan	[uan]	wane
un	un	[uən]	one
uang	uang	[uɑŋ]	wander
ü (yu)	ü (yü)	[y]	f ühren (German); t u (French)
üe (yue)	üeh (yüeh)	[yɛ]	ü + eh
üan (yuan)	üan (yüan)	[yɛn]	YUAN (Chinese dollar)
ün (yun)	ün (yün)	[yn]	t une
w	w	[w]	waft
x	hs	[ɕ]	she

Chinese Phonetic Alphabet (CPA)	Wade – Giles	International Phonetic Alphabet (IPA)	Approximate English sounds
xi	hsi	[ɕi]	<u>sh</u>eep
xu (= xü)	hsü	[ɕy]	<u>sh</u>oot
y	y	[j]	<u>y</u>ard
z	ts	[ts]	woo<u>ds</u>man
zh	ch	[tʂ]	ju<u>dge</u>
zhi	chih	[tʂɻ]	ju<u>dge</u> (prolonged)
zi	tzǔ	[tsl]	woo<u>ds</u>man (prolonged)

Note:

You can find <u>tone marks</u> above the syllables like:

(Chapter 6) xū shí 虚实

(Chapter 11) jiǔ dì 九地

xū (" — " – 1st tone) "—" denotes a high level tone;

shí (" ╱ " – 2nd tone) " ╱ " denotes a rising tone;

jiǔ ("╲╱" – 3rd tone) "╲╱"denotes a low level rising
                                        tone;

dì (" ╲ " – 4th tone) " ╲ " denotes a falling tone.

140

图书在版编目（CIP）数据

孙子十三篇：用兵之法／（战国）孙武著
— 北京：新世界出版社，1996.10
ISBN 7-80005-331-8

Ⅰ.孙…　Ⅱ.孙…　Ⅲ.兵法-中国-古代-对
照读物-汉、英　Ⅳ.E892.31

孙子十三篇 —— 用兵之法

（战国）孙武 著

钟榱 译著

*

新世界出版社出版

（北京百万庄路 24 号）

北京大学印刷厂印刷

中国国际图书贸易总公司发行

（中国北京车公庄西路 35 号）

北京邮政信箱第 399 号　邮政编码 100044

1996 年（汉英）第一版　1996 年北京第一次印刷

ISBN 7-80005-331-8

01800

23·00